KB193384

여정

Season 1. 하나님

이엽일 지음 • 여정리더팀 공동연구

Dear Deer

추천사

본서는 저자가 이 변하는 세상에서 변치 않으시는 하나님과 동행하며 고민한 흔적으로 가득합니다. 특히 하나님의 본질(속성)에 대한 논의는 특별합니다. 하나님에 대한 잘못된 이해를 고민하며 하나님의 진실한 모습을 선포하고, 성경의 문장과 단어를 넘어 그분의 마음과 의도에 다가가 그분의 얼굴 앞에 머물게 합니다. 이렇게 우리의 오해를 바로잡은 저자는 바른 믿음과 대상이 분명한 소망, 함께 거하는 사랑의 자리를 소개합니다. 하나님과의 사귐 그 동행의 여정이 이 책을 읽는 모든 분에게 시작되길 소망합니다.
– 더 바이블 미니스트리 성경교사 김상민

하나님에 관한 막연한 지식으로 하나님을 두려워하는 사람들이 많습니다. 이번에 출간된 이연임 사모님의 〈여정 시즌 1. 하나님〉은 그 막연함의 자리에서 우리를 따뜻한 하나님의 품으로 인도합니다. 그리고 그 품에 안겨 있는 못난 자에게 먼저 말을 걸어오시며 "사랑한다"라고, 끝까지 "사랑하겠다"라고 말씀하시는 하나님을 마주하게 합니다. 하나님의 품에 안겨 좋으신 그분과 사랑의 대화를 나누길 바라는 모든 성도에게 이 책을 감사와 기쁨으로 추천합니다.
– 라이프교회 담임목사 최우준

제가 본 하나님은 새로움입니다. 새 노래, 새 심령, 새 이름, 새 언약, 새 창조, 새 하늘, 새 땅이 그렇습니다. 이에 비해 인간의 사고와 전통적 기독교의 역사, 문화, 의식은 언제나 옛 부대 형태로 남아 있었습니다. 그러나 하나님의 새로움으로 인간의 의식과 구조, 방법은 늘 새롭게 개혁되어 왔습니다. 예수님의 말씀처럼 낡은 부대 자루는 항상 터졌고, 생명의 복음은 다시 새 가죽 부대를 입고 등장했습니다.

〈여정 시즌 1. 하나님〉은 새로운 의식과 양식과 방식입니다. 딱딱한 조직신학의 논제들과 도식화된 성경공부가 주는 지적 만족과 안정감도 좋고, 한 권의 수필과 같은 가벼움과 따뜻함도 좋습니다. 저는 특히 관점이 좋습니다. 성경을 '하나님의 본심', '해야만 해서가 아닌 내가 좋아서', '목마른 여성들의 우물', '어제와 내일을 통해 집중하는 오늘과 영원'의 관점으로 공부한다는 것이 정말 좋습니다.

뻔하지 않은, 매우 특별한 성경공부 〈여정 시즌 1. 하나님〉을 기분 좋게 추천합니다. 새로움의 하나님을 따라 복음을 새로움으로 풀어내 우리에게 선물한 이연임 작가와 여정리더팀의 봉사에 깊은 감사를 드립니다.

– 시티미션교회 담임목사 이규

들어가는 글

여정, 그 첫 시작과 지금

지금 와서 시작을 돌아보니 신기하기만 합니다. 2년 전 딱 한 번 뵈었던 정은진 소장님의 갑작스러운 전화 한 통, 그리고 이어진 예상치 못한 한 마디로 여기까지 왔으니까요. 바로 "연임쌤, 저랑 성경공부 한 번 시작해 볼래요?"라는 말이었습니다. 그때 저희가 나눈 대화는 그렇게 길지도 않았던 걸로 기억합니다.

은진: 연임쌤, 저랑 성경공부 한번 시작해 볼래요?

연임: 저랑요? 성경공부라면 언제든 좋지요.

　　　왜 성경공부가 하고 싶으세요?

은진: 제가 온라인 북코칭 클래스를 하면서 보니,

　　　좋은 책을 함께 읽는 것만으로도 사람과 가정이 변해요.

　　　그래서 성경을 함께 공부하고 나누는 여성들의 모임이

　　　꼭 필요하고, 결국 그것이 최종점이겠구나 하는 생각이 들었어요.

연임: 어떤 성경공부를 생각하세요?

은진: 시중에 나와 있는 성경공부 교재나 형태 말고

　　　다른 콘텐츠로 해 보고 싶어요.

　　　연임쌤이 완전히 새로운 성경공부 콘텐츠를 만들어주면 좋겠어요.

연임: 완전히 새로운 성경공부 콘텐츠요? 제가 만드는 거군요? 하하...

이 대화를 떠올리니 또 웃음이 나네요. 어쩌면 그렇게 간단하게 제안하고 당연하게 받아들였는지. 저도 미처 몰랐던 제 안의 깊은 바람이 건드려졌던 것 같습니다. 말씀을 통해 하나님의 마음을 깊이 알아 그분에 대한 오해가 풀리고, 절절한 아버지 마음을 알게 되니 '그렇게 살아야 해서'가 아니라 '좋아서' 그분과 살갑게 지내는 사람이 더 많아지길 원하는 바람이요.

이런 제 마음을 누구보다 응원하며 세밀히 인도해주신 하나님 아버지의 은혜로 여정(女井, 여성들의 우물가)이라는 이름의 성경공부 콘텐츠를 개발했고 2020년 가을, 3050 여성들과 함께 첫 모임을 시작했습니다. 은진 소장님과 함께 여정 모임을 인도하며 목마른 사슴이 시냇물을 찾듯, 주를 찾는 여성들이 아버지가 준비하신 물로 목을 축이고 생기 가득해진 모습을 목도했습니다.

아버지의 본심을 더 많은 사람과 나누고 싶은 마음으로 여정 성경공부 콘텐츠를 책으로 엮으며, 몇 년 뒤 다시 보면 부끄러울까 싶은 마음에 망설이기도 했는데요. 오늘까지 이만큼 깨닫게 해주신 은혜에 조금이라도 반응하고 싶다는 생각이 들어 용기를 냈습니다.

연구하는 동안 여러 질문으로 끊임없이 아버지의 본심에 가닿으려 함께 애써준 정은진 소장님, 남상은 코치님, 김지연 코치님 세 분께 큰 감사를 전합니다. 또 여정 콘텐츠를 개발하며 말씀에 관한 생각이 많아질 때마다 같이 고민해 주신 김상민 간사님, 언제나 저의 1호 팬으로 마음을 다해 원고를 감수해 준 남편에게도 고마움을 전합니다.

이 책을 읽고 모여 공부하는 모든 분이 하나님을 더 알아갈 수 있으면 좋겠습니다. 그래서 '어제의 하나님'을 기억하면서 또 새롭게 만나고 알게 된 '오늘의 하나님'이 있는 삶을 매일 살아가실 수 있기를 기도합니다.

<여정 시즌 1>의 주제와 기대

처음 여정 시즌 1 콘텐츠를 개발할 때는 시즌 2~3까지 하게 될 줄 몰라서 스스로 이렇게 질문했습니다. "내게 하나님을 나눌 기회가 딱 한 번 주어진다면, 나는 무슨 이야기가 꼭 하고 싶은가?"라고요.

이 질문을 품은 며칠 동안, 그동안 만나 믿음의 교제를 나누었던 여러 사람과의 시간이 떠올랐습니다. 그 시간 속에서 제 마음이 안타까웠던 순간과 무척 기뻤던 순간을 돌아보니 모두 '오해'가 있었습니다.

누군가의 이야기를 들으며 '하나님은 그런 분이 아닌데, 아버지 본심은 그게 아니었을 텐데.'라는 생각이 드는 순간이면 너무 속상했고, 하나님 아버지께서도 매우 속상하실 것 같았습니다. 반면 '하나님 그런 분이시죠. 맞아요. 아버지도 그 마음이셨을 것 같아요.'하고 오해가 풀리는 순간을 마주하면 눈물나게 기뻤고 아버지도 신나실 것 같았습니다. 그래서 제게 한 번의 기회가 주어진다면, 가장 먼저 하나님에 관한 오해를 풀고 싶은 마음으로 시즌 1 주제를 '하나님'으로 정했습니다.

시즌 1 전반부에서는 '하나님의 속성'을 함께 공부합니다.

하나님의 속성

하나님께서 '하나님' 되시도록!
(엄청 좋은 사람 말고)

거룩

자비와
긍휼

시간을
초월하심

전지전능
무소부재

변치
않으심

여기서 특별히 '속성'이란 단어를 선택한 이유는 이 단어가 사람에게는 잘 안 쓰는 단어이기 때문입니다. 우리는 종종 우리 기준에서 가장 좋은 사람 정도로 하나님을 생각하거나, 우리가 경험한 누군가의 모습에 비추어 하나님을 그려보곤 하는데요, 하지만 하나님은 하나님이지 좋은 사람이 아닙니다. 하나님은 하나님입니다. 시즌 1의 전반부에서는 하나님이 하나님 되시도록, 그분의 속성을 다루며 하나님을 알아갑니다. 하나님의 다섯 가지 속성을 말씀 속에서 살피며 하나님의 어떠하심을 깨닫는 동시에 하나님과 여러분의 관계가 새로워지길 기대합니다.

시즌 1 후반부에서는 '믿음, 소망, 사랑'을 다룹니다.

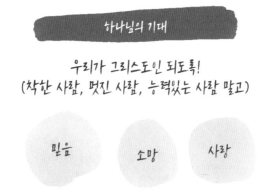

하나님의 기대

우리가 그리스도인 되도록!
(착한 사람, 멋진 사람, 능력있는 사람 말고)

믿음   소망   사랑

이 주제를 선택한 이유는 '믿음, 소망, 사랑'이 하나님께서 믿는 우리에게 기대하시는 대표적인 모습이기 때문입니다. 하나님을 믿으면서 매우 자주 듣는 개념이지만 그만큼 오해가 많은 개념이 아닌가 싶습니다. 가끔 마주하는 그리스도인들의 '믿음, 소망, 사랑'에 관한 생각에는 여지가 없어 보일 때가 있거든요. 우리 몸과 맘이 썩어 문드러지는 듯 해도 무조건 순종하며, 한없이 긍정적으로 생각하고, 남을 위해서는 자신의 전부를 내어주는 모습으로 '믿음, 소망, 사랑'이 잘못 그려지는 걸 보거든. 그런데 진짜 하나님이 우리에게 그걸 바라시는 걸까요?

하나님이 바라시는 그리스도인의 믿음, 소망, 사랑은 진짜 뭘까요? 시즌 1 후반부를 함께 공부하며 하나님이 정말 원하시는 모습의 믿음, 소망, 사랑을 바라게 되면 좋겠습니다.

지은이 이연임(Abby)

풀은 마르고 꽃은 시드나

우리 하나님의 말씀은 영영히 서리라

이사야 40:8

PART 1.

하나님의 속성

Chapter 1

변치
않으시는
하나님

첫 번째 장에서는 하나님과 사람 간의 관계를 통해 하나님의 변치 않으시는 속성에 대해 알아보겠습니다. 먼저, 한 가지 질문을 드리 겠습니다. "여러분의 인생에서 변하지 않기를 바랐지만 변한 것은 무엇인가요?" 이 질문을 받고 보면, 우리는 살면서 '변치 않음'을 그 다지 많이 경험하지 못했다는 것을 발견하게 됩니다. 인간관계에서 는 더욱 그렇고요.

하지만 하나님은 영원히 변치 않는 분으로 우리에게 영원한 언약을 주십니다. 성경 전체에서 하나님은 변함 없이 언약 하나를 계속해서 말씀하십니다. 바로 "나는 너희의 하나님이 되고 너희는 내 백성이 될 것이라"라는 언약입니다. 이 언약은 오롯이 그분과 나와의 관계로 향해 있습니다. 하나님은 그냥 하나님이 아니라, '내 하나님'이 되고 싶다고 계속 표현하십니다. 저는 서로가 서로에게 속하는 이 다함 없는 관계야말로 우리 신앙의 근본이자 본질이 아닐까 합니다.

지금부터 말씀을 하나씩 살펴보며 변치 않으시는 영원한 약속 가운데 새겨진 하나님의 마음을 따라가 봅시다. 그 과정 중에 하나님이 우리 하나님 되시기 원하는 그 마음에 맞닿아, 우리 안에도 그분의 백성 되기 원하는 마음이 가득해지길 기대합니다.

창세기 → 레위기 신명기 → 예레미야 → 베드로전서 → 요한계시록

나는 '너희' 하나님이 되고 너희는 '내' 백성이 될 것이라

하나님은 "하나님"이 되고 싶으신 것이 아니라,
"내 하나님"이 되고 싶으신 것

'영원한 언약'
그 분과 나와의 관계

1. 언약의 체결과 책임지심

창세기 17:1~9

1 아브람의 구십 구세 때에 여호와께서 아브람에게 나타나서
  그에게 이르시되 나는 전능한 하나님이라 너는 내 앞에서 행하여
  완전하라

2 내가 내 언약을 나와 너 사이에 세워 너로 심히 번성케 하리라
  하시니

3 아브람이 엎드린대 하나님이 또 그에게 일러 가라사대

4 내가 너와 내 언약을 세우니 너는 열국의 아비가 될찌라

5 이제 후로는 네 이름을 아브람이라 하지 아니하고 아브라함이라
  하리니 이는 내가 너로 열국의 아비가 되게 함이니라

6 내가 너로 심히 번성케 하리니 나라들이 네게로 좇아 일어나며
  열왕이 네게로 좇아 나리라

7 내가 내 언약을 나와 너와 네 대대 후손의 사이에 세워서
  영원한 언약을 삼고 너와 네 후손의 하나님이 되리라

8 내가 너와 네 후손에게 너의 우거하는 이 땅 곧 가나안 일경으로
  주어 영원한 기업이 되게 하고 나는 그들의 하나님이 되리라

9 하나님이 또 아브라함에게 이르시되 그런즉 너는 내 언약을 지키고
  네 후손도 대대로 지키라

갈라디아서 3:29

29 너희가 그리스도의 것이면 곧 아브라함의 자손이요
   약속대로 유업을 이을 자니라

위 언약은 하나님께서 아브라함이 99세 때 그에게 나타나셔서 직접 맺으신 언약입니다. 얼핏 보면 하나님이 먼저 언약을 말씀하시고 아브라함에게 지키라 요구하시는 것처럼 보이지만, 이 언약은 당시 언약의 형태 중 '약속 언약'에 속합니다. 약속 언약이란, 한쪽이 다른 상대방을 향해 일방적으로 제시하여 맺는 언약으로, 언약을 제시한 쪽이 모든 책임을 지는 언약입니다. 즉 하나님은 스스로 책임지기로 작정하시고 아브라함과 그 후손인 우리에게 영원히 변치 않는 언약을 주신 것입니다.

당시[1] 세 가지 언약의 종류와 특징

언약의 종류	특징
평등 언약	동등한 사람들 사이의 언약 서로에게 책임을 요구함 (창 21:23~32, 31:44~54)
종주권 언약	높은 편에서 제시되는 언약 강자가 의무조항을 제시하고 약자가 받아들임 언약을 어겼을 경우 약자에게 책임이 뒤따름
약속 언약	한쪽 편으로 주어지는 법적 구속력 일방적으로 주어짐.약속한 자가 책임지는 언약 (창 12:1~3, 15:9~21)

출처: 더 바이블 미니스트리 김상민 간사님 강의노트 중

---

1   모세오경이 기록되었던 주전 15세기 경 중근동 지방
    http://www.yullin.org/Term/NewContentView.aspx?params=D&index=172

2. 언약의 호소와 그 날의 기억

시간이 지나며 하나님을 잊은 백성들의 마음에서 그분의 언약 역시 잊혀져 갑니다. 그러자 하나님은 출애굽 사건을 떠오르게 하시며 자신을, 자신과의 관계를, 네가 누구인지를 기억해달라 호소하십니다.

> 레위기 11:45
> 나는 너희의 하나님이 되려고 너희를 애굽 땅에서 인도하여 낸 여호와라 내가 거룩하니 너희도 거룩할찌어다
>
> 레위기 26:12~13
> 12 나는 너희 중에 행하여 너희 하나님이 되고
>   너희는 나의 백성이 될 것이니라
> 13 나는 너희를 애굽 땅에서 인도하여 내어 그 종된 것을 면케 한
>   너희 하나님 여호와라 내가 너희 멍에 빗장목을 깨뜨리고
>   너희로 바로 서서 걷게 하였느니라

위 말씀을 읽으면서 어떤 마음이 드셨나요? '내가 너희의 하나님인 것을, 너희가 내 백성인 것을 기억해 줘. 우리 다시 그 언약을 회복하자'라고 요청하시는 아버지의 간절한 마음이 들리셨나요? 여기서 한 가지 질문을 드리겠습니다.

만약 하나님이 지금 여러분에게 말을 거신다면, 어떤 상황을 다시 한번 기억하자고 말씀하실까요? 아래 문장을 읽고 빈 칸에 들어갈 내용을 적어보세요.

하나님과 나 사이에 있었던

_____

_____

일을 기억할 때마다 하나님은 내게 내 하나님 되시고,
나는 그분의 사람이 된다.

3. 언약의 갱신과 새 언약

기적을 경험하게도 해보고 호소도 해보았지만, 하나님의 언약은 우리로 인해 계속 파기됩니다. 하나님은 도무지 회복되지 않는 우리와의 관계를 다시 세우기 위해 언약을 갱신하는 방법을 선택하십니다. 하나님이 주신 새 언약은 돌판에 새긴 옛 언약과 달리 우리 마음에 새긴 언약입니다. 이 언약은 예수 그리스도의 십자가 죽음과 부활로 성취된 언약입니다. 새 언약은 예수 그리스도를 믿고 성령을 받은 사람들 마음 속에서 작동하며 하나님을 알게 하고 하나님과 친밀한 교제를 가능하게 합니다.

예레미야 31:31~34

31 나 여호와가 말하노라 보라 날이 이르리니 내가 이스라엘 집과
　유다 집에 새 언약을 세우리라

32 나 여호와가 말하노라 이 언약은 내가 그들의 열조의 손을 잡고
　애굽 땅에서 인도하여 내던 날에 세운 것과 같지 아니할 것은
　내가 그들의 남편이 되었어도 그들이 내 언약을 파하였음이니라

33 나 여호와가 말하노라 그러나 그 날 후에 내가 이스라엘 집에
　세울 언약은 이러하니 곧 내가 나의 법을 그들의 속에 두며
　그 마음에 기록하여 나는 그들의 하나님이 되고
　그들은 내 백성이 될 것이라

34 그들이 다시는 각기 이웃과 형제를 가리켜 이르기를 너는 여호와를

알라 하지 아니하리니 이는 작은 자로부터 큰 자까지 다 나를 앎이니라 내가 그들의 죄악을 사하고 다시는 그 죄를 기억지 아니하리라 여호와의 말이니라

여러분은 혹시 무엇을 걸고 약속해 본 적이 있나요? 무엇인가를 걸고 약속을 확증하려는 사람에게서는 당사자가 생각하는 약속의 무게가 느껴집니다. 하나님은 우리와 맺을 새 언약을 위해 자신의 하나뿐인 아들과 그 생명까지 아낌없이 내어주셨습니다. 그렇다면 그분에게 우리는 도대체 어떤 의미인 걸까요? 얼마나 중요한 걸까요? 아버지 마음 속에 가득한 우리와의 관계 회복을 향한 열망은 가늠할 수조차 없습니다.

4. 새 언약의 능력과 내 차례

예수 그리스도를 믿음으로 우리는 새 언약을 소유한 언약 백성으로 거듭납니다. 하나님의 새 언약은 우리에게 말씀을 따라 살 수 있는 새 힘과 능력을 줍니다. 이 땅에서 직접 현실을 살아내며 삶으로 보여주신 예수님의 길을 따라 살아간다면 우리는 우리의 죄성에 굴복하지 않고 죄를 이기며 나아갈 수 있습니다. 또한 성령님과 매일 교

제하며 동행하며 살아간다면 우리는 자연스레 더욱 아버지의 뜻과 본심에 가까워짐으로 열매맺는 삶을 살아갈 수 있습니다.

로마서 7:4~6

4 그러므로 내 형제들아 너희도 그리스도의 몸으로 말미암아
   율법에 대하여 죽임을 당하였으니 이는 다른이 곧
   죽은 자 가운데서 살아나신 이에게 가서 우리로 하나님을 위하여
   열매를 맺게 하려 함이니라

5 우리가 육신에 있을 때에는 율법으로 말미암는 죄의 정욕이
   우리 지체 중에 역사하여 우리로 사망을 위하여 열매를 맺게
   하였더니

6 이제는 우리가 얽매였던 것에 대하여 죽었으므로 율법에서
   벗어났으니 이러므로 우리가 영의 새로운 것으로 섬길 것이요
   의문의 묵은 것으로 아니할찌니라

베드로전서 2:9

오직 너희는 택하신 족속이요 왕 같은 제사장들이요 거룩한 나라요
그의 소유된 백성이니 이는 너희를 어두운데서 불러 내어 그의 기이
한 빛에 들어가게 하신 자의 아름다운 덕을 선전하게 하려 하심이라

위 말씀을 묵상하며 저는 '이제 내 차례구나' 하는 생각이 들었습니다. 하나님이 주신 언약과 그 언약을 직접 성취하신 예수 그리스도, 그리고 오늘 내 안에서 역사하시는 성령님과 함께 이제 내

가 살아낼 차례구나 하는 생각이요.

5. 새 언약의 온전한 성취와 그분의 위로

하나님의 영원히 변치 않는 언약은 반드시 온전히 성취됩니다. 새 하늘과 새 땅, 그 곳에서 우리는 하나님의 백성으로 그분과 함께 있을 것입니다. 우리의 모든 눈물을 닦아 주시며 모든 어려움의 끝이 선포되는 그 때, 우리에게는 다시 아픔이 있지 않을 것입니다.

> 요한계시록 21:3~8
>
> 3 내가 들으니 보좌에서 큰 음성이 나서 가로되 보라 하나님의 장막이
>   사람들과 함께 있으매 하나님이 저희와 함께 거하시리니
>   저희는 하나님의 백성이 되고 하나님은 친히 저희와 함께 계셔서
> 4 모든 눈물을 그 눈에서 씻기시매 다시 사망이 없고 애통하는
>   것이나 곡하는 것이나 아픈 것이 다시 있지 아니하리니
>   처음 것들이 다 지나갔음이러라
> 5 보좌에 앉으신 이가 가라사대 보라 내가 만물을 새롭게 하노라
>   하시고 또 가라사대 이 말은 신실하고 참되니 기록하라 하시고
> 6 또 내게 말씀하시되 이루었도다 나는 알파와 오메가요 처음과
>   나중이라 내가 생명수 샘물로 목 마른 자에게 값 없이 주리니
> 7 이기는 자는 이것들을 유업으로 얻으리라 나는 저의 하나님이
>   되고 그는 내 아들이 되리라

8 　그러나 두려워하는 자들과 믿지 아니하는 자들과 흉악한 자들과
　　살인자들과 행음자들과 술객들과 우상 숭배자들과 모든 거짓말
　　하는 자들은 불과 유황으로 타는 못에 참예하리니
　　이것이 둘째 사망이라

다함이 없는 절절함으로 결코 포기하지 않으시고 언제나 우리의 하나님 되겠다 하시는 하나님을 마음에 깊이 아로새겨 놓읍시다. 그리고 힘써 그분의 백성이 됩시다. '너는 내 백성이다!' 부르시며 우리의 모든 눈물 닦아 주실 그 날을 기대하면서요. 혹 넘어지더라도 언제든 다시 일어날 수 있도록 든든한 기반이 되시는 하나님께서 직접 주신 언약을 기억하고 안심하며 거기서 다시 출발하면 되니까요.

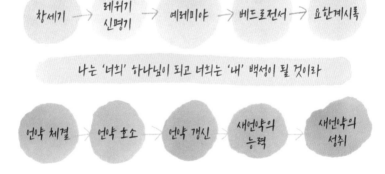

Abby's Story
"변치 않고 그 자리에 계셨던 하나님"

어느 날 종종 함께 묵상을 나눴던 대학원 후배가 청첩장을 보내왔습니다. 오랜만에 만난 연구실 사람들과 가벼운 인사를 나누고 하객석에 앉았습니다. 가정에 여러 가지 힘든 일들이 겹쳤던 시기라 들뜬 축하의 마음보다는 차분한 마음으로 신부 입장을 기다리고 있었습니다.

드디어 밝은 얼굴로 식장에 들어서는 후배 얼굴이 보였고, 신랑 신부를 한 자리에서 보니 좋기도 하고 앞으로 잘 살기를 바라는 마음이 저절로 올라왔습니다. 오가는 감정 사이, 저는 속으로 이런 생각을 했습니다.

'부부가 결혼해서 산다는 것은 참 쉽지 않은 일이고, 이 둘에게 앞으로 많은 일이 있겠지. 살면서 즐거운 일이 생기면 나한테까지 연락 안 해도 상관없지만, 혹시 힘들어서 연락이 온다면 꼭 함께해 줘야지, 도와줘야지.'라고요. 아끼는 후배라 더 그런 마음이 들었던 것 같습니다. 그렇게 앉아 있는데, 갑자기 아버지께서 제게 말씀하셨습니다.

'연임아, 네 결혼식 때 그때 나도 거기 있었어. 지금 너처럼 이렇게 신부인 너를 보고 있었지. 그리고 거기서 나도 결심하고 있었어. 결혼 후에 연임이가 힘들 때가 있을 텐데, 그때 내가 도와줘야지, 꼬옥 붙들어줘야지, 하고.'

눈물이 핑 돌았습니다. 그때 저는 가정 안의 어려운 일을 혼자 견디고 있다 생각했으니까요. 너무 힘들어 모든 걸 포기하고 싶었던 순간들, 그 순간들을 이 악물고 홀로 버텨냈다고 생각했는데, 사실은 하나님이 강하게 꼬옥 붙들고 계셔서 제가 숨 쉬고 있었습니다. 그때는 정말이지 제 인생에서 하나님이 제일 안 계시는 것처럼 느껴지는 시절이었는데, 오히려 그분은 순간순간마다, 상황마다 저를 어떻게 도와줄지, 저를 어떻게 더 살게 할지 매번 새로운 결심을 하시며 제 곁에 계셨습니다.

Chapter 2

시간을
초월하시는
하나님

이번 장에서는 시간을 초월하시는 하나님의 속성을 살펴보겠습니다. 저를 돌아보면, 시기를 놓고 하나님과 자주 이야기를 나눴던 것 같습니다. 힘들 때는 '지금 당장 도와달라'고 떼를 쓰기도 했고, 바라는 게 있을 때는 '이때까지는 꼭 들어주세요'라고 조르기도 했습니다. 하지만 때마다 아버지의 응답은 달라서 제가 원하는 시기에 응답을 받기도 했고 그렇지 않을 때도 있었습니다. 이후에 돌아보니 아버지의 때가 언제나 가장 좋은 때였지만요. 그래서 시간에 관한 하나님의 속성을 꼭 다루고 싶었습니다.

먼저 우리는 시간을 어떻게 이해하고 대하는지 살펴보고, 이어서 우리와 달리 하나님께서는 시간을 어떻게 보시고, 또 다루시는지 보겠습니다.

1. 우리에게 시간이란?

1) 하나의 차원으로서, 순차적으로 흘러가는 것

시간은 반드시 과거에서 현재로, 현재에서 미래의 순서로 흘러갑니다. 영화같은 일이 벌어지지 않는다면, 우리는 결코 현재에서 과거로 가거나 미래에서 현재로 돌아오거나 할 수 없습니다. 시간의 흐름을 그림으로 표현해 보면 아래 그림처럼 일차원적입니다. 우리는 과거, 현재, 미래를 동시에 알거나 살아갈 수 없습니다. 우리는 언제나 현재에 살며, 지금 살아가고 있는 순간만이 실재입니다.

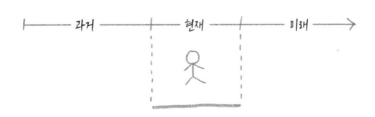

우리에게 시간이란?

├── 과거 ──┼── 현재 ──┼── 미래 ──→

삶을 대하는 우리의 관점 또한 시간의 흐름에 영향을 받고 있습니다. 일차원적인 시간 안에 살고 있기 때문에 제한적인 관점으로 생각하는 것입니다. 우리는 미래를 과거와 현재의 결과물로 인식하는 경향이 있습니다. 현재는 과거로 인해 만들어진 것이며, 미래 역시 현재가 가진 한계에서 크게 벗어나지 못할 거라 제약을 두곤 합니다.

2) 현재에 살아도 과거나 미래에 갇혀있을 수 있음

우리는 모두 오늘이라는 현재에 살지만, 사람마다 의미의 무게를 두는 시간은 다릅니다. 예를 들어 어떤 사람은 미래에 관한 생각은 접어두고 오로지 현재를 즐기는데 몰두합니다. 반면 어떤 사람은 과거라는 시간에 매여 현재를 누리지 못하고 과거가 현재를 잠식하도록 내버려 두기도 합니다. 미래에 대한 걱정으로 가득 찬 현재를 괴로운 마음으로 사는 사람도 있습니다. 셋 다 현재를 충실하게 산다고 보기 어렵습니다.

시간에 대한 인식이 건강하지 않을 경우, 이렇게 생각할 수도 있습니다. 과거는 현재를 발목잡는 시간, 미래는 현재의 한계로 결정된 시간, 현재는 살고 있지만 충만하지 않은 시간으로요. 저도 평안하지 않을 때면 위와 같은 논리에 자주 빠지곤 해서, 시간에 대한 하나님의 관점이 더 궁금했던 것 같습니다.

지난 한 주간, 여러분의 생각은 과거/현재/미래 중 주로 어느 곳에 머물렀나요? 생각이 가장 많이 머물렀던 곳부터 순서를 매겨보고, 질문에 답해봅시다.

여러분의 생각이 머무르는 순서를 바꿔본다면,

어떻게 바꾸고 싶나요?

이해를 돕는 글

글을 읽으며 공감과 동의가 되는 부분에 밑줄을 그어보세요. 스크루테이프라는 악마가 다른 악마에게 쓴 편지 내용이고요. 악마 시점의 편지라 '우리'는 악마들을, '원수'는 하나님을 의미해요.

인간은 시간 속에서 살고 있지만 원수는 그들을 위해 영원을 예비해 두었다. 그래서 인간의 주된 관심을 영원 그 자체와 이른바 현재라는 두 가지 시점 모두에 집중시키려 들지. 현재는 시간이 영원에 가닿는 지점 아니냐. 원수는 현실을 총체적으로 경험할 수 있지만, 인간은 현재의 순간, 오직 그 순간에만 원수와 유사한 경험을 할 수 있다. 즉 현재의 순간에만 자유와 현실성을 얻는 게야.

그렇기 때문에 원수는 인간이 계속 영원에 관심을 갖거나(이건 곧 원수 자신에게 관심을 갖는다는 뜻이다) 현재에 관심을 갖도록 유도할 게다. 원수와 영원히 하나가 되는 일과 영원히 분리되는 일에 관해 깊이 생각하게 하거나, 그렇지 않을 때는 현재 들리는 양심의 소리에 따르거나 현재 주어진 십자가를 지거나 현재 주어지는 은혜를 받거나 현재의 즐거움에 감사드리게 하려 든단 말이지.

따라서 우리의 임무는 인간을 영원과 현재로부터 떠나게 만드는 것이다. 가끔씩 한 인간(이를테면 과부나 학자)을 유혹해서 과거에 파묻혀 살게 하는 것도 다 이런 관점에서 하는 일이야. 하지만 여기에도 한계는 있지. 이런 치들은 과거에 관한 한 어느 정도는 참된 것을 알고 있는데다가, 과거는 이미 확정되어 있다는 점에서 영원을 닮아 있거든. 그러니 과거보다는 미래 속에 살게 만드는 편이 훨씬 낫다. 인간의 열정은 생물학적 필연성에 따라 앞을 향하고 있는 법이므로, 미래에 대한 생각은 당연히 희망이나 두려움으로 불붙게 되어 있다. 더구나 미래는 미지의 것이 아니냐. 그러니 미래를 생각하게 만든다는 것은 곧 비현실적인 허상을 생각하게 만드는 것이나 다름없다.

<스크루테이프의 편지> 15번째 편지 중

2. 하나님께 시간이란?

창세기 1:1-5

1 태초에 하나님이 천지를 창조하시니라
2 땅이 혼돈하고 공허하며 흑암이 깊음 위에 있고
   하나님의 신은 수면에 운행하시니라
3 하나님이 가라사대 빛이 있으라 하시매 빛이 있었고
4 그 빛이 하나님의 보시기에 좋았더라
   하나님이 빛과 어두움을 나누사
5 빛을 낮이라 칭하시고 어두움을 밤이라 칭하시니라 저녁이 되며
   아침이 되니 이는 첫째 날이니라

시편 90:1~4

1 주여 주는 대대에 우리의 거처가 되셨나이다
2 산이 생기기 전, 땅과 세계도 주께서 조성하시기 전
   곧 영원부터 영원까지 주는 하나님이시니이다
3 주께서 사람을 티끌로 돌아가게 하시고 말씀하시기를
   너희 인생들은 돌아가라 하셨사오니
4 주의 목전에는 천년이 지나간 어제 같으며
   밤의 한 경점 같을 뿐임이니이다

하나님은 시간을 창조하신 분이십니다. 그래서 창조된 존재인 우리의 시간과 하나님의 시간은 그 인식과 개념이 완전히 다릅니다. 앞에서 살펴본 우리의 시간 인식과 비교하며, 하나님의 관점을 좀 더 자세히 살펴보겠습니다.

1) 하나의 창조물로서, 동시에 존재하는 것

시간을 순차적으로 이해하는 우리와 달리, 시간의 창조자이신 하나님은 시간을 초월해 존재하십니다. 시편 말씀을 보면 하나님의 시간은 과거-현재-미래 순서로 차례차례 지나가는 것이 아님을 알 수 있습니다.

> 시편 139:16
> 내 형질이 이루기 전에 주의 눈이 보셨으며 나를 위하여 정한 날이 하나도 되기 전에 주의 책에 다 기록이 되었나이다

하나님께 시간은 항상 존재하는 하나의 창조물로서, 지나가지도 않고 다가오지도 않습니다. 과거, 현재, 미래를 동시에 보시는 하나님께는 과거를 잊으신다거나, 미래를 예측한다는 개념은 어울리지 않지요. 교부 토마스 아퀴나스는 이렇게 말했습니다.

"하나님께서는 그분의 영원 속에서 시간의 전 과정을 통해 일어나는 모든 일을 확실히 알고 계십니다. 왜냐하면 그분의 영원은 시간의 전 과정과 현재 접촉하고 있으며, 심지어 시간을 초월하기도 하기 때문입니다. 우리는 마치 망루 꼭대기에 서 있는 사람이 지나가는 여행자들의 전체 행렬을 한눈에 보는 것처럼, 하나님께서 그분의 영원 속에서 시간의 흐름을 아신다고 상상할 수 있습니다."[2]

2   Thomas Aquinas, Compendium Theologiae, trans. Cyril Vollert
    (St. Louis: B. Herder Book Co., 1947) Chapter 133

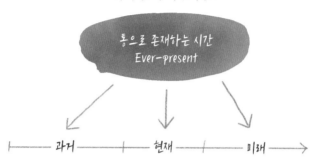

하나님께 시간이란?

통으로 존재하는 시간
Ever-present

과거 ——— 현재 ——— 미래 →

2) 가장 중요한 오늘, 모든 가능성의 시작

사람마다 과거, 현재, 미래에 두는 의미의 무게가 다르다고 했는데요. 하나님은 현재, 오늘이라 일컫는 시간에 가장 큰 관심이 있으십니다. 오늘은 우리가 하나님과 만날 수 있는 유일한 시간이며, 내일을 만들어가는 시작이 되는 시간이기 때문입니다.

신11:26-28

26 내가 오늘날 복과 저주를 너희 앞에 두나니

27 너희가 만일 내가 오늘날 너희에게 명하는 너희 하나님 여호와의 명령을 들으면 복이 될 것이요

28 너희가 만일 내가 오늘날 너희에게 명하는 도에서 돌이켜 떠나 너희 하나님 여호와의 명령을 듣지 아니하고 본래 알지 못하던 다른 신들을 좇으면 저주를 받으리라

앞서 살펴본 것처럼, 우리는 과거와 현재에서 경험한 것으로 미래의 가능성을 제한하는 경향이 있습니다. 미래에 일어날 일을 상상해보기도 하고, 여러 가지 계획을 세우기도 합니다. 시간의 제약을 받지 않으시는 하나님께는 얼마나 많은 계획이 있을지 생각해보신 적 있나요?

시편 139:17-18
17 하나님이여 주의 생각이 내게 어찌 그리 보배로우신지요
      그 수가 어찌 그리 많은지요
18 내가 세려고 할찌라도 그 수가 모래보다 많도소이다
      내가 깰 때에도 오히려 주와 함께 있나이다

시편 139편 말씀은 하나님은 '우리가' 보기에도 너무 보배로운 생각을 '아주 많이' 가지고 계신다고 말합니다. 그 수가 얼마나 많은지, 모래보다 많다고도 하고요.

그래서 제가 쓰는 방법인데요. 과거를 돌아봐도, 미래를 내다봐도 아무런 소망이 없는 것 같을 때, 도무지 답이 없는 것 같아 답답할 때 가장 가까운 바닷가로 나가 모래알의 수를 세어보세요. 모래알을 세면서 하나님이 우리를 향해 품고 계신 그 수많은 생각을 있는 그대로 느껴보세요.

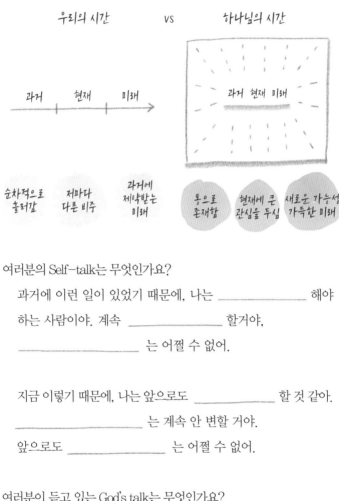

여러분의 Self-talk는 무엇인가요?

　　과거에 이런 일이 있었기 때문에, 나는 _____ 해야

　　하는 사람이야. 계속 _____ 할거야,

　　_____ 는 어쩔 수 없어.

　　지금 이렇기 때문에, 나는 앞으로도 _____ 할 것 같아.

　　_____ 는 계속 안 변할 거야.

　　앞으로도 _____ 는 어쩔 수 없어.

여러분이 듣고 있는 God's talk는 무엇인가요?

내가 요즘 가장 많이 듣는 찬양이나 말씀에서 가장 와닿는 말은?

Abby's Story
"나를 사랑한다는 하나님은 어떻게 내가 힘든 걸 지켜보실까?"

제게는 하나님을 향한 오래된 질문이 하나 있었습니다. '나를 죽기까지 사랑한 하나님은 내가 힘들어하는 모습을 보시는 것 자체가 힘드실 텐데 어떻게 견디시지?' 라는 것이었습니다. 아이를 낳고 길러보니, 사랑하는 아이가 아파서 괴로워하면 그 자체가 너무 고통스러워 바라보고만 있을 수 없었거든요. 능력이 닿는 대로 아이를 업고 어디론가 뛰어가기도 했고, 아는 사람들에게 전화를 돌려 좋은 병원을 수소문하기도 하며 가만히 있지를 못했어요.

그런데 저와는 비교할 수 없는 수준으로 저를 사랑하시는 하나님은 제가 괴롭고 힘들 때 어떤 마음으로 지켜보신 걸까요? 분명 제가 앓는 아이를 보며 괴로워하는 것보다 훨씬 더 깊이 아파하실 텐데요. 어떻게 모든 것을 하실 수 있는 하나님께서 즉시 개입하지 않으시고 참고 기다리시는 건지, 제 마음 속 풀리지 않는 의문이었습니다.

그런데 여정 콘텐츠를 준비하며 시간을 초월하시는 하나님의 속성을 깨닫고 궁금증이 풀렸습니다. 하나님께서 제 질문에 이렇게 답해 주셨거든요.

'연임아, 나는 알고 있었단다. 아니 명확하게 보고 있었지. 그때 네가 힘들어하고 고통스러워하는 모습에 내 마음도 너무나 아팠단다. 하지만 나는 네가 그 자리에서 회복하고 이렇게 다시 일어나 나와 즐겁게 교제하고 웃으며 일상을 보내고, 사람들에게 나를 힘써 전하는 자리까지 나아오는 네 모습을 그때 보고 있었단다. 그래서 나는 견디고 기다릴 수 있었단다.'

아.... 나를 사랑하시는 하나님은 현재에도 미래를 아시고, 미래를 오늘처럼 보시는 분이구나. 그래서 사랑하지만 참고 견디시며 기다리실 수 있으셨구나.

자, 이렇게 한번 생각해보세요. 만약 제 아들이 40도가 넘는 고열에 시달리며 토하고 있다면, 저는 혹 이 아이가 잘못될까 싶어 당장 응급실로 달려갔을 겁니다. 그런데 만약 제가 앞으로 3분 후에 아들의 열이 떨어지고 다시 밥도 잘 먹고 회복될 거라는 것을 명확히 알고 있다면 어떻게 행동할까요? 아픈 아들을 지켜봐야 하는 그 3분 동안 마음은 너무 아프겠지만 기다릴 수는 있을 것 같습니다. 왜냐하면 제 아이는 3분 뒤에 확실히 괜찮아질 것이니까요.

Chapter 3.

전지전능하고
무소부재하신
하나님

이 장에서는 전지전능하고 무소부재하신 하나님의 속성을 살펴보겠습니다. 모든 것을 아시고(전지), 모든 것을 하실 수 있으며(전능), 어디에나 존재하시는(무소부재) 하나님의 속성은 앞서 다룬 다른 속성들보다 아마 자주 들으셔서 더 친숙하실 것 같습니다.

그럼에도 이 개념을 꼭 다루고 싶었던 이유가 있습니다. 가끔 제 입에서 나오는 말을 돌아보면 '하나님은 모르신다, 하나님은 하실 수 없다, 하나님이 안 계신다.'라는 말보다 '모르지 않으신데 왜? 하실 수 있으신데 왜? 함께 계시는데 왜?'라는 말을 할 때가 더 많더라고요.

그래서 이 장에서는 하나님의 전지전능하시고 무소부재하신 속성을 '유일한 주권자' 되시는 하나님과 연결하여 이해하고자 합니다. 그 가운데 우리 자유의지는 어떤 의미를 지니는지도 함께 살펴보고요.

1. 하나님이 아시는 것

요한1서 3:20
우리 마음이 혹 우리를 책망할 일이 있거든 하물며 우리 마음보다 크시고 모든 것을 아시는 하나님일까 보냐

시편 139:1~6
1   여호와여 주께서 나를 감찰하시고 아셨나이다
2   주께서 나의 앉고 일어섬을 아시며 멀리서도 나의 생각을 통촉하시오며
3   나의 길과 눕는 것을 감찰하시며 나의 모든 행위를 익히 아시오니
4   여호와여 내 혀의 말을 알지 못하시는 것이 하나도 없으시니이다
5   주께서 나의 전후를 두르시며 내게 안수하셨나이다
6   이 지식이 내게 너무 기이하니 높아서 내가 능히 미치지 못하나이다

하나님은 문자 그대로 '모든' 것을 아십니다. 모태에 있기 전부터 우리를 아셨던 하나님(렘 1:5), 머리털까지 다 세시는 하나님(마 10:30)은 우리 삶의 아무리 작은 순간이라도 다 알고 계십니다. 우리의 모든 생각, 행동, 말을요.

여기서 잠깐, 우리도 모르는 마음 깊은 곳, 말로 내뱉기 전의 생각, 아득하고 막막한 감정들까지 하나님이 다 아신다는 이 진리가 여러분에게는 어떻게 느껴지나요? 든든하고 감사한가요? 아니면 조금은 부끄럽고 싫은가요?

Abby's Story
"그분이 아신다는 것의 의미"[3]

집을 비운 사이 도둑이 들었습니다. 이미 죽고 싶을 정도로 힘든 때였
는데, 엎친 데 덮친 격으로 도둑까지 맞으니 기가 막혔습니다. 저녁 내
내 집안의 널브러진 물건들을 정리하고 발자국을 닦으며 속상한 마음
에 계속 울었습니다. 하나님께 따지듯 물었습니다. "도대체 내가 뭘 그
렇게 잘못했길래 이렇게 힘든 일이 끝도 없이 계속 오는 거냐."라고요.

도둑이 든 다음 날은 주일이었는데, 예배 자리에 맨정신으로 앉아있기
어려울 것 같아 아들을 따라 초등부 예배 맨 뒷자리에 멍하니 앉아 있
었습니다. 그날 유초등부 예배에서 한 설교자에 관한 영상을 보게 되
었는데, 저는 온 몸이 굳어버리는 것 같은 충격을 받았습니다.

영상 속에서 설교자는 지갑과 기차표를 도둑맞았는데, 당황하지 않
고 도리어 웃음을 짓습니다. 그 모습을 보고 옆에 앉은 사람이 "아니
당신은 지갑과 기차표를 잃어버렸는데도 어떻게 웃을 수 있습니까?"
하고 물으니, 그가 밝은 얼굴로 이렇게 대답합니다. "하나님께서 다
아시니까요. 하나님 아버지께서 저의 이 상황을 다 아시니까요."라고

3   <생각의 기원>(정소영,이연임. 렉스. 2020) 124-125p에서 발췌/인용

요. 영상이 끝나고 저는 하나님과 이런 대화를 나누었습니다.

"하나님, 모든 사람에게 일어날 수 있는 나쁜 일이 저한테도 다 일어날 수 있는 거라면, 제가 하나님을 믿어서 좋은 건 뭐예요? 믿는 제 삶이 믿기 전과 다른 게 진짜 하나도 없는 거예요?"

"연임아, 그런 일들은 네가 잘못해서 생긴 게 아니야. 그냥 이 땅에 사는 누구에게나 일어날 수 있는 일이 너한테도 일어난 거야. 오히려 내가 묻고 싶은 게 있는데, 내가 너를 안다는 것이 너한테 아무 의미가 없니? 하나님인 내가 네 상황을 온전히 안다는 사실이 믿는 네게 어떤 의미니?"

저는 이 대화를 나누고 알았습니다. 제가 하나님을 믿지 않고 있음을요. 언제나 선하고 저를 아낌없이 사랑하는 그분이 힘든 저와 제 상황을 알고 계신다는 것 자체가 제게 어떤 위안도, 소망도 되지 않았으니까요.

이제는 제게 무슨 일이 일어났는지, 제가 어디에서 넘어져 어느 밑바닥까지 가라앉아 있는지 하나님이 정확히 아신다는 사실을 기억하며, 너무 불안해하지 않으려 합니다. 저를 깊이 사랑하는 하나님이 제가 쓰러져 있는 바로 거기서부터 저를 일으키실 것을 믿기 때문입니다.

2. 하나님이 하실 수 있는 것

마태복음 19:26
예수께서 저희를 보시며 가라사대 사람으로는 할 수 없으되 하나님
으로서는 다 할 수 있느니라

욥기 38장
땅의 기초를 놓으심, 바다를 문으로 가두시고 한계를 정하심,
아침과 새벽에게 자리를 일러주심, 악한 자들을 땅에서 떨쳐 버리심,
바다의 샘에 들어가고 깊은 물 밑으로 걸으심, 땅의 너비를 측량
하심, 눈 곳간에 들어가시고 우박 창고를 보심, 홍수/우레/번개에게
길을 내주심, 광야에 비를 내리심, 비/이슬방울/얼음/공중의
서리를 낳으심, 묘성을 매어 묶으시고 삼성의 띠를 푸심,
별자리를 각각 제 때 이끌어내심, 하늘의 법칙을 땅에 베풀게 하심,
가슴 속 지혜를 주심, 수탉에게 슬기를 주심, 구름의 수를 세심,
하늘의 물주머니를 기울이심, 티끌/흙덩이를 붙게 하심, 사자/젊은
사자/까마귀 새끼를 먹이심

하나님은 모든 것을 하실 수 있습니다. "거기 있으라"하셨을 때
세상은 창조되었습니다. 그저 말씀만으로 온 세상을 지으시는 분
께 불가능한 일이 있을까요? 계획하시고 또한 약속하시는 하나님
은 당신의 말씀을 이루시기 위해 모든 것을 하실 수 있습니다.

저는 일이 잘 안풀리고, 능력 있는 하나님이 저를 위해 그 능력을 안 쓰시는 것 같이 느껴질 때 욥기 38장을 읽곤 합니다. 그러면 아버지의 전능하심과 그분의 주권을 기억하는 데 큰 도움이 되더라고요. 아버지의 주권에 대해서는 뒤에 더 이야기 나누겠습니다.

3. 하나님이 계신 곳

시편 139:7~10

7 내가 주의 신을 떠나 어디로 가며 주의 앞에서 어디로 피하리이까
8 내가 하늘에 올라갈찌라도 거기 계시며 음부에 내 자리를
   펼찌라도 거기 계시니이다
9 내가 새벽 날개를 치며 바다 끝에 가서 거할찌라도
10 곧 거기서도 주의 손이 나를 인도하시며 주의 오른손이
   나를 붙드시리이다

예레미야 23:23-24

23 나 여호와가 말하노라 나는 가까운데 하나님이요
   먼데 하나님은 아니냐
24 나 여호와가 말하노라 사람이 내게 보이지 아니하려고 누가
   자기를 은밀한 곳에 숨길 수 있겠느냐 나 여호와가 말하노라
   나는 천지에 충만하지 아니하냐

하나님은 모든 곳에 계십니다. 하나님이 계시지 않은 곳은 한 군데도 없으며, 하나님의 존재와 섭리는 모든 피조물 가운데 있습니다.

4. 유일한 주권자 하나님

하나님을 믿고 교회에 나가기 시작했던 스무살 즈음이었습니다. 나를 사랑하는 하나님이 전지전능하시고 어디에나 계시다는 말을 들으면 머릿속에는 다음과 같은 이미지가 떠올랐습니다.

아마도 이런 생각들을 했던 것 같습니다. '우와, 잭팟이다. 나를 엄청나게 사랑하는 분이 내 아버지고, 그 아버지가 완전 능력자

라니 내 인생은 이제 잘될 일만 남은 건가? 램프의 지니처럼 내가 원하는 걸 말하면 다 들어주시고, 내가 원할 때는 언제나 나를 도와주시겠지?' 하는 생각이요. 지금 쓰면서도 참 부끄럽네요.

하지만 하나님을 믿고 한 해 한 해 시간이 흐르며 그분을 더 알아갈수록 제 생각과 다른 한 가지 사실을 인정하게 되었습니다. 전지전능한 하나님이 항상 저와 함께 하셔도, 제 삶이 제 뜻대로 흘러가지 않고 오히려 예상치 못한 방향으로 흘러가는 것이 더 자연스럽다는 것을요. 왜냐하면 제 인생의 주권이 제게 있지 않기 않고, 오직 하나님만이 온 세상의 유일한 주권자이시기 때문입니다.

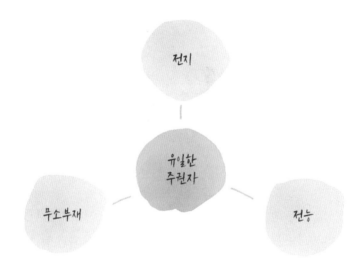

디모데전서 6:15
기약이 이르면 하나님이 그의 나타나심을 보이시리니 하나님은
복되시고 홀로 한 분이신 (Only Sovereign) 능하신 자이며
만왕의 왕이시며 만주의 주시요

살다 보면 가족이, 돈이, 또는 특정 권위자가 내 삶을 좌지우지하는 것처럼 느낄 때가 있습니다. 하지만 결코 그렇지 않습니다. 이 세상의 주인으로 다스리시는 분은 아버지가 유일하기 때문입니다. 이것이 우리가 믿는 것입니다.

그런데 여러분은 삶의 주인이 여러분 자신이 아니어도 정말 괜찮으신가요? 저는 여러분이 그래야만 하니까 억지로 결심하는 모습만은 아니였으면 좋겠습니다. 하나님이 정말 믿을 만한 분이어서, 온 세상에서 여러분을 가장 사랑하는 분이라서, 그분은 여러분에게 영원히 선한 분이시기 때문에 기꺼이 그분께 주권을 내어 드리기를 바랍니다.

하나님의 주권이 불편하게 느껴지는 지점은 어디인가요?
그것을 내어드린다면 무엇이 달라질까요?

1) 하나님 뜻과 내 뜻이 다를 때

하나님을 믿고 하나님께 나의 주권을 내어드린다 해도 때때로 하나님의 뜻과 내 뜻이 달라 힘들 때가 있습니다. 그럴 때 P.S.를 기억하세요. 손편지 끝에 덧붙이던 추신이 떠오르지 않나요?

P: Plan

> 예레미야 29:11
> 나 여호와가 말하노라 너희를 향한 나의 생각은 내가 아나니 재앙이 아니라 곧 평안이요 너희 장래에 소망을 주려하는 생각이라

예레미야 말씀을 보면, 우리를 향한 하나님의 생각은 하나님 그분이 아신다고 나옵니다. 만약 제가 하나님의 계획을 안다면 제가 성취하겠노라 나설 것 같은데, 아버지가 아시니 아버지께서 직접 이루어 가시겠구나 싶어 안심이 되더라구요. 또 그 생각은 재앙이 아니라 평안이고, 우리에게 미래와 희망을 주는 것이라고 합니다. 그러니 하나님 뜻과 내 뜻이 다르다고 생각되면 이 말씀을 붙잡고 '하나님께는 다 계획이 있으실 거다' 생각하며, 그분이 우리를 향해서 가지고 계신 평안의 생각을 신뢰하고 바라면 좋겠습니다.

S: Season

사도행전 1:7
가라사대 때와 기한은 아버지께서 자기의 권한에 두셨으니
너희의 알바 아니요

전도서 7:14
형통한 날에는 기뻐하고 곤고한 날에는 생각하라
하나님이 이 두 가지를 병행하게 하사
사람으로 그 장래 일을 능히 헤아려 알지 못하게 하셨느니라

믿는 사람으로 살아가다 보면 하나님의 절묘한 타이밍에 전율하게 되는 때가 있습니다. 제 생각에는 하나님의 주권하심의 꽃, 하나님의 주권하심이 정점으로 나타나는 지점이 '시즌' 같습니다. 어떻게 이때 이 사람을 만날 수 있었는지, 어떻게 이때 이 일이 일어났는지 놀랄 때가 많거든요.

사도행전을 보면 예수님께서 부활 후 승천하시기 전 콕 집어, '때와 기한은 아버지 권한에 두셨다'라고 말씀하시니, 넘치도록 믿을 만한 아버지의 시즌을 따라 살아가 보면 좋겠습니다. 혹 여러분이 기다리는 시즌이 너무 오지 않거나 지금 지나는 시즌이 너무 힘들게 느껴지면 전도서 말씀을 되뇌어보고요. '모든 사람에게 형통한

날과 곤고한 날을 병행하게 하셨다'고 하시니 곤고한 날이 영원히
지속되지는 않겠지요.

하나님 보시기에 지금 여러분의 시즌은 어떤 시즌일까요?
하나님은 이 시즌에 무엇을 기대하고 계실까요?

2) 유일한 주권자 앞에서 나의 자유의지 사용하기

저는 하나님의 전적인 주권을 인정하면서 동시에 '그렇다면 내 자
유의지는 어떻게 사용하는 거지?' 하는 생각이 들었습니다. 그 힌
트를 발견했던 이야기를 나눌게요. 어느 날 마태복음 8장을 묵상
하고 있었는데, 10절에 나온 한 단어가 너무 어색한 거예요. NIV
버전으로 보면 '예수께서 들으시고 깜짝 놀랐다'라고 나오거든요.

> 마태복음 8:10
> 예수께서 들으시고 기이히 여겨 (astonished) 좇는 자들에게
> 이르시되 내가 진실로 너희에게 이르노니 이스라엘 중
> 아무에게서도 이만한 믿음을 만나보지 못하였노라

이상하지 않나요? 어떻게 모든 걸 아시는 분이 깜짝 놀랄 수 있
죠? 저는 저희 회사 멤버가 월요일에 출근하면 안 놀라거든요. 월

요일에 출근할 줄 이미 알고 있었으니까요. 이 본문 속 백부장의 말과 행동을 며칠 동안 한참 살펴보고 품다 보니 문득 이런 생각이 들었습니다. '서프라이즈였구나! 백부장은 아버지께서 허락하신 상황에서 그분이 주신 자유의지로 선택해, 믿음으로 예수님께 나아 갔구나!' 라고요. 그때부터 저는 하나님께서 제게 선물로 주신 자유 의지로 아버지를 놀라게 할 일이 없나 찾게 되었답니다.

여러분은 어떤 서프라이즈를 계획해볼래요?
하나님은 그 서프라이즈에 어떻게 반응하실까요?

Chapter 4

거룩하신 하나님

이번 장에서는 하나님의 거룩하심을 살펴보려고 합니다. 거룩은 그동안 공부한 하나님의 속성과 달리 하나님께서 적극적으로 우리와 공유하길 원하시는 속성입니다. 하나님의 거룩하심이란 무엇인지, 거룩 그 구별된 부르심으로 우리를 초대하신 하나님의 마음은 무엇인지 함께 알아보겠습니다.

레위기 11:45
나는 너희의 하나님이 되려고 너희를 애굽 땅에서 인도하여 낸 여호와라 내가 거룩하니 너희도 거룩할찌어다

레위기 20:22~26

22 너희는 나의 모든 규례와 법도를 지켜 행하라 그리하여야
내가 너희를 인도하여 거하게 하는 땅이 너희를 토하지 아니하리라

23 너희는 내가 너희 앞에서 쫓아내는 족속의 풍속을 좇지 말라
그들이 이 모든 일을 행하므로 내가 그들을 가증히 여기노라

24 내가 전에 너희에게 이르기를 너희가 그들의 땅을 기업으로
얻을 것이라 내가 그 땅 곧 젖과 꿀이 흐르는 땅으로 너희에게
주어 유업을 삼게 하리라 하였노라 나는 너희를 만민 중에서
구별한 너희 하나님 여호와라

25 너희는 짐승의 정하고 부정함과 새의 정하고 부정함을 구별하고
내가 너희를 위하여 부정한 것으로 구별한 짐승이나 새나
땅에 기는 곤충으로 인하여 너희 몸을 더럽히지 말라

26 너희는 내게 거룩할지어다 이는 나 여호와가 거룩하고
내가 또 너희로 나의 소유를 삼으려고 너희를 만민 중에서
구별하였음이니라

거룩의 개념은 세상을 바라보는 관점과 연관되어 있습니다. 성경
이 세상을 바라보는 관점을 먼저 알아보고, 하나님의 거룩하심에
대해 살펴보겠습니다.

1. 성경이 보는 세상

세상을 바라보는 우리의 관점은 종종 이분법적으로 흘러갑니다. 특정 상황을 두고 선과 악, 득과 실 등으로 가치를 판단하지요. 이는 헬레니즘에서 온 이분법적 사고에 기인한 것입니다. 하지만 성경은 세상을 삼분법적으로 이해합니다. 정함, 부정함, 거룩함의 상태가 있다고 보는 것입니다.

> 레위기 20:25
> 너희는 짐승의 정하고 부정함과 새의 정하고 부정함을 구별하고
> 내가 너희를 위하여 부정한 것으로 구별한 짐승이나 새나 땅에
> 기는 곤충으로 인하여 너희 몸을 더럽히지 말라

> 레위기 19:2
> 너는 이스라엘 자손의 온 회중에게 고하여 이르라
> 너희는 거룩하라 나 여호와 너희 하나님이 거룩함이니라

2. 정함, 부정함, 거룩함의 특징

정함

정함은 하나님이 처음 창조하신 본연의 상태로, 연약하다는 특징이 있습니다. 정함은 영향을 받기만 할 뿐, 줄 수는 없습니다. 부정한

것에 닿으면 부정해지고, 거룩한 것에 닿으면 거룩해집니다.

부정함

부정함은 죄나 실수, 그 외 여러 가지 이유로 정함을 잃은 상태이
며, 정함에 대해 영향력을 지닙니다. 부정함이 정함을 만나면 정
함이 깨어져 부정해집니다.

거룩함

거룩함은 완전히 정결한 상태이자, 죄와 악은 하나도 없는 순전히
선한 상태입니다. 거룩함은 영향력이 있어 거룩함을 마주하면 정
함은 거룩해지고, 부정함은 즉시로 깨어집니다.

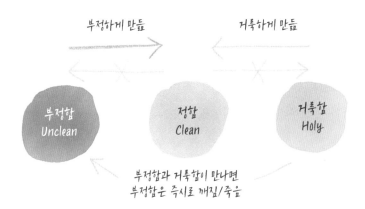

정함을 추구하는 삶 vs. 거룩으로 들어간 삶

정함은 연약하고 쉽게 부정해집니다. 그래서 정함을 추구하는 삶은 불안정하고, 부정함에 닿을 때마다 죄책감을 느끼게 됩니다. 정함으로는 온전한 자유를 누릴 수 없으며, 영향을 미칠 수도 없습니다.

반면, 거룩함은 하나님께서 부르신 자리로, 하나님과 함께한 그 복된 자리에 부정은 결코 접근할 수 없습니다. 그래서 거룩 안에 있는 삶에는 평안과 자유가 있습니다. 거룩함은 영향을 받지 않고 도리어 영향을 미칩니다.

3. 거룩함으로 부르심

하나님의 거룩하신 속성에서 주목할 만한 한 가지는, 하나님께서 정함을 넘어 거룩함으로 우리를 부르신다는 것입니다. 거룩함이 무엇인지 알면 알수록 도무지 될 것 같지 않은데도 말이에요. 하나님은 왜 우리에게, 교회에게 거룩하라 하실까요?

> 데살로니가전서 4:7
> 하나님이 우리를 부르심은 부정케 하심이 아니요 거룩케 하심이니

로마서 12:1-2

1   그러므로 형제들아 내가 하나님의 모든 자비하심으로
    너희를 권하노니 너희 몸을 하나님이 기뻐하시는 거룩한
    산 제사로 드리라 이는 너희의 드릴 영적 예배니라
2   너희는 이 세대를 본받지 말고 오직 마음을 새롭게 함으로 변화를
    받아 하나님의 선하시고 기뻐하시고 온전하신 뜻이 무엇인지
    분별하도록 하라

하나님 아버지의 초대에 응답해 거룩한 삶으로 들어갈 때, 우리는
하나님이 작정하셨던 모든 좋은 것들(에베소서 1:3~14)을 충만히
누릴 수 있기 때문입니다. 아버지가 베풀어 두신 자리에서 먼저
우리 자신이 아버지를 온전히 향유하며 풍성한 생명을 누리고, 다
른 사람들도 그 아름다운 자리로 초대할 수 있습니다. 그래서 거
룩함으로의 부르심은 명령이 아닌 프로포즈처럼 들립니다. "연임
아, 나는 너와 함께하고 싶은데, 너도 나와 함께해 주겠니?"하고
말씀하시는 것 같습니다.

4. 거룩함으로 가는 길

아버지의 프로포즈에 '네'라고 답하고 싶은데요, 우리는 어떻게 거룩해질 수 있을까요?

> 출애굽기 29:43
> 내가 거기서 이스라엘 자손을 만나리니 내 영광을 인하여 회막이 거룩하게 될찌라

> 출애굽기 3:4~5
> 4 여호와께서 그가 보려고 돌이켜 오는 것을 보신지라 하나님이 떨기나무 가운데서 그를 불러 가라사대 모세야 모세야 하시매 그가 가로되 내가 여기 있나이다
> 5 하나님이 가라사대 이리로 가까이 하지 말라 너의 선 곳은 거룩한 땅이니 네 발에서 신을 벗으라

위 말씀을 보면 임재가 있는 곳이 거룩해지는 것을 볼 수 있습니다. 하나님이 임하시면 회막이 성막이 되고, 부정한 땅이 거룩한 땅이 됩니다. 우리는 스스로 거룩해질 수 없습니다. 혹 말씀을 완벽히 지킨다 하더라도 그것은 정함만 가능하게 할 뿐입니다. 그래서 우리는 거룩하려고 노력하기보다, 거룩한 하나님과 함께하는 것을 사모해야 합니다. 누군가의 초대는 단지 초대장을 읽는 것으로가 아니라 초대를 기꺼이 받아들여 그곳에 가는 것으로 완성되니까요.

5. 거룩함의 모습

여러분이 생각하는 거룩한 사람은 누구인가요? 그 사람을 왜 거룩하다고 생각했나요? 하나님과 함께 거룩함에 거하는 사람에게는 두 가지 모습이 나타나는 것 같습니다.

죄가 미워짐

시편 119:103~104

103 주의 말씀의 맛이 내게 어찌 그리 단지요
　　　내 입에 꿀보다 더하니이다
104 주의 법도로 인하여 내가 명철케 되었으므로
　　　모든 거짓 행위를 미워하나이다

시편 119:127~128

127 그러므로 내가 주의 계명을 금 곧 정금보다 더 사랑하나이다
128 그러므로 내가 범사에 주의 법도를 바르게 여기고
　　　모든 거짓 행위를 미워하나이다

제가 참 좋아하는 시편 말씀인데요. 거룩한 사람의 모습이 이럴 것 같습니다. 말씀에 순종하지 않으면 안 되기 때문에 죄를 짓지 않으려고 노력하는 모습이라기 보다는, 말씀을 너무 사랑해서 죄가 미워지고 죄짓는 게 싫어지는 모습이요.

제가 여정 멤버들에게 자주 하는 말이 있습니다. 허벅지 찔러가며 억지로 하나님을 믿으면, 허벅지가 남아나지 않을 거라고요. 저는 우리가 억지로 거룩함에 가까워지기보다, 말씀을 사모함으로 거룩함에 가까워져 가기를 바랍니다.

열매맺음

요한복음 15:3-5
3 너희는 내가 일러준 말로 이미 깨끗하였으니
4 내 안에 거하라 나도 너희 안에 거하리라 가지가 포도나무에
   붙어 있지 아니하면 절로 과실을 맺을 수 없음 같이
   너희도 내 안에 있지 아니하면 그러하리라
5 나는 포도나무요 너희는 가지니 저가 내 안에,
   내가 저 안에 있으면 이 사람은 과실을 많이 맺나니
   나를 떠나서는 너희가 아무것도 할 수 없음이라

앞서 이야기했듯이 거룩함에는 영향력이 있는데요. 하나님 아버지 안에 깊이 거하면 그분의 어떠하심이 우리로 하여금 삶에 열매를 맺게 합니다. 우리의 인격에 성령의 열매(갈 5:22~23)가 맺힐 때, 아버지가 초대하신 거룩의 자리에 머물고 있는지를 알 수 있습니다.

Chapter 5

자비와 긍휼이
풍성하신
하나님

이번 장에서는 하나님의 자비와 긍휼의 풍성하심을 살펴보겠습니다. 우리가 이전에 하나님의 거룩하심에 대해 배울 때 죄와 거룩은 함께할 수 없다고 했는데요. 죄가 거룩 앞에 나오면 즉시 깨어지는 죽음의 심판이 있기 때문입니다.

거룩하신 하나님은 죄를 향해 맹렬히 분노하시며 엄중히 심판하시는 의로운 분이시고, 우리는 거룩한 백성으로 부름은 받았지만 여전히 죄를 지으며 죄 가운데 사는 사람들인데요. 그렇다면 우리는 어떻게 하나님께 나아갈 수 있을까요?

지금부터는 구약시대의 제사 제도를 공부하며 하나님의 진노와 심판의 무게를 먼저 알아보겠습니다. 그리고 누가복음 속 잃어버린 아들을 되찾은 아버지 비유를 통해 모두에게, 그리고 특히 스스로 자격 없다 생각하는 사람들에게 임하시는 하나님의 자비와 긍휼이 얼마나 풍성한지 살펴보겠습니다.

1. 하나님의 맹렬한 진노

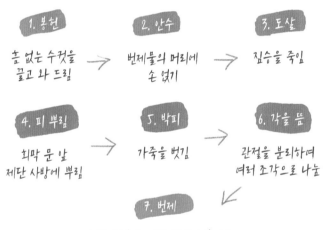

레위기에 나오는 제사 절차 (하나님의 진노를 피하는 번제)

1. 봉헌 — 흠 없는 수컷을 끌고 와 드림

2. 안수 — 번제물의 머리에 손 얹기

3. 도살 — 짐승을 죽임

4. 피 뿌림 — 회막 문 앞 제단 사방에 뿌림

5. 박피 — 가죽을 벗김

6. 각을 뜸 — 관절을 분리하여 여러 조각으로 나눔

7. 번제 — 조각 전부를 제단 위에서 불사름

레위기에 나오는 번제 절차를 요약하면 위와 같습니다.

여기서 퀴즈! 1~7번을 실행하는 주체는 누구일까요? 모두 제사장이 행하는 걸까요? 아닙니다. 4번과 7번만 제사장이 하고, 나머지는 모두 번제물을 가지고 온 사람이 합니다.

여러분이 직접 제사드리러 가는 사람이 되어 상상해 보세요. 죽음을 앞두고 온몸을 뒤트는 동물의 숨통을 끊고, 그 가죽을 벗기고 관절 마디마디를 분리하여 조각을 나누는 동안 진동하는 피 냄새와 고통스러운 죽음의 현장을요.

우리 하나님은 생명이 끊어지는 것을 즐기시는 잔인한 분이신가요? 하나님은 분명 그런 분이 아니신데 왜 이렇게까지 하시는 걸까요? 게다가 레위기 1장 9절을 보면, 역한 냄새로 가득했을 번제단에서 바쳐진 동물이 태워지는 냄새를 일컬어 '향기롭다'라고까지 말씀하십니다.

> 레위기 1:9
> 그 내장과 정갱이를 물로 씻을 것이요 제사장은 그 전부를 단 위에 불살라 번제를 삼을찌니 이는 화제라 여호와께 향기로운 냄새니라

왜 향기롭다고 하실까요? 그것은 불태워지는 가축에게 우리의 죄

가 전가되었기 때문입니다. 제사를 드리러 온 우리가 번제물인 가축의 머리에 손을 얹을 때, 우리의 모든 죄가 짐승에게 전가됩니다. 하나님의 죄에 대한 진노는 공의롭고 엄중해, 그 맹렬한 분노는 반드시 죄를 향해 쏟아져야 합니다.

하지만 자비와 긍휼이 풍성하신 하나님은 차마 그 진노를 우리에게 부을 수 없으서서, 영원히 변치 않는 언약으로 '나는 내 하나님 되고, 너는 내 백성되자' 하신 우리에게 행하실 수 없어 번제물에게 대신 쏟으시는 것입니다. 하나님은 짐승의 죽음을 기뻐하시는 것이 아니라, 우리가 전가한 죄의 숨통이 끊어지는 것을 기뻐하신 것입니다.

안수: 쌍방향 전가 (Exchange)
나의 '죄' <-> 제물의 '흠 없음'

짐승의 죽음을 기뻐하심이 아님. 전가시킨 죄의 숨통이 끊어진 것을 기뻐하심.
죄에 대한 거룩한 하나님의 엄중한 진노를 처리.

레위기 1:3
그 예물이 소의 번제이면 흠 없는 수컷으로 회막 문에서
여호와 앞에 기쁘게 받으시도록 드릴지니라

레위기 1:10
만일 그 예물이 가축 떼의 양이나 염소의 번제이면
흠 없는 수컷으로 드릴지니

아버지의 관심은 죄 자체가 아니라 우리입니다. 죄로 인해 아버지와 멀어진 우리를 기다리는 아버지의 안타까운 심정과 죄로 인해 고통받는 우리를 볼 때 한없이 안쓰러운 아버지의 마음이 여기 고스란히 담겨 있습니다. 이렇게 죄에 대한 거룩한 하나님의 진노는, 우리를 향한 애끓는 사랑으로 자비와 긍휼을 입고 우리 모두에게 흘러옵니다.

2. 하나님의 풍성한 자비와 긍휼

이제 누가복음 속 잃어버린 아들을 되찾은 아버지 비유 안에서 하나님 아버지의 마음, 그 본심에 다가가 보겠습니다.

누가복음 15:1~3
1   모든 세리와 죄인들이 말씀을 들으러 가까이 나아오니
2   바리새인과 서기관들이 원망하여 가로되 이 사람이 죄인을
    영접하고 음식을 같이 먹는다 하더라
3   예수께서 저희에게 이 비유로 이르시되

예수님의 비유를 읽을 때는 예수님께서 그 비유를 1) 어떤 상황에서 2) 누구에게 말씀하셨는지를 반드시 신경 써서 확인해야 합니다. 비유를 말하는 사람은 자기가 이야기하고 싶은 내용을 듣는 사람이 더 잘 이해할 수 있도록 듣는 사람에게 친숙한 무언가에 빗대어 표현하기 때문입니다.

당시의 상황은 이렇습니다. 사회적으로 낙인찍혀 손가락질당하고 무시당하던 사람들이 말씀을 들으려고 예수님께 나아왔습니다. 예수님께서는 언제나 그러셨듯 그들을 멀리하거나 뿌리치지 않으시고 그들을 환대해 주셨지요. 이 모습을 본 바리새인과 서기관들은 기분 나빠하며 예수님에 대해 수군거렸는데요. 예수님이 죄인들과 함께 있는 모습을 못마땅하게 여기는 바리새인과 서기관들을 향해 이 비유를 말씀하십니다.

장면 #1 (누가복음 15:11~16)

등장인물	상황, 행동, 말
둘째 아들	아버지여 재산 중에서 내게 돌아올 분깃을 내게 주소서
아버지	그 살림을 각각 나눠 주었더니 (현대인의 성경[4] : 그래서 아버지는 재산을 갈라 두 아들에게 나누어 주었다.)

4　본서에 사용된 현대인의 성경은 생명의말씀사의 허락을 받고 사용하였음

둘째 아들	그 후 며칠이 못되어 둘째 아들이 재물을 다 모아가지고 먼 나라에 가 거기서 허랑방탕하여 그 재산을 허비하더니 다 없이한 후 (그 나라에 크게 흉년이 들어) 그가 비로소 궁핍한지라 가서 그 나라 백성 중 한 사람에게 붙여 사니
그 나라 백성 중 한 사람	그가 저를 들로 보내어 돼지를 치게 하였는데
둘째 아들	저가 돼지가 먹는 쥐엄 열매로 배를 채우고자 하되 주는 자가 없는지라

둘째 아들은 명백히 나쁜 놈이 맞습니다. 살아 계신 부모님께 유산을 달라고 대놓고 말하다니 말이죠. 이건 부모님께 '나는 당신이 살든 죽든 관심 없고, 오로지 당신 재산에만 관심 있다. 그런데 당신이 죽을 때까지 기다리기는 싫으니 지금 당장 재산을 내놓으라' 하는 상황입니다.

예수님 곁에서 이 비유를 듣던 모든 사람들은 둘째 아들을 생각하며 '아휴, 세상에 저런 개망나니, 죽일 놈이 있나?' 했을 겁니다. 비유 이야기가 더해질수록 둘째 아들은 더 가관입니다.

온 가족과 친족이 함께 모여 살던 것이 당연하던 그때, 둘째 아들은 아버지가 재산을 나눠 주자마자 재물을 챙겨 먼 나라로 떠나 버립니다. 그를 둘러싸고 있던 좋은 환경이 꼴도 보기 싫다는 듯

말입니다. 나쁜 놈도 이런 나쁜 놈이 없습니다. 그렇다고 먼 나라에서 잘 산 것도 아닙니다. 허랑방탕하게 살다 모든 재산을 탕진해버립니다.

예수님의 비유를 듣던 사람들은 둘째 아들 이야기에 혀를 끌끌 찼을 것입니다. 둘째 아들 편을 드는 사람은 아마 없었을 것입니다. 그 뒤로 이어지는 둘째 아들의 상황은 또 어떤가요? 부정한 동물인 돼지가 먹는 쥐엄 열매도 얻어먹지 못합니다. 사람들은 '그럼 그래야지, 고것 참 쌤통이다. 그럴 줄 알았다' 했을지도 모르겠습니다.

장면 #2 (누가복음 15:17~20)

등장인물	상황, 행동, 말
둘째 아들	스스로 돌이켜 가로되 '내 아버지에게는 양식이 풍족한 품꾼이 얼마나 많은고 나는 여기서 주려 죽는구나'. 내가 일어나 아버지께 가서 이르기를 '아버지여 내가 하늘과 아버지께 죄를 얻었사오니 지금부터는 아버지의 아들이라 일컬음을 감당치 못하겠나이다 나를 품군의 하나로 보소서 하리라' 하고 이에 일어나서 아버지께로 돌아가니라

둘째 아들은 자신의 아버지가 어떤 분이었는지를 떠올립니다. 그

는 아버지에게 크게 관심도 없었고 친밀하지도 않았지만, 그래도 아버지가 지금 자신의 처지와 같은 품꾼들에게 얼마나 잘해주셨던 분이신지를 기억해 냅니다.

그래서 아버지께 돌아가 용서를 빌기로 결심합니다. 스스로 생각해도 몹쓸 짓을 했기에, 아들로 다시 받아들여 달라는 요청은 염치가 없는 것 같고, 품꾼으로라도 받아주십사 빌어야겠다는 다짐을 하고는 집으로 향합니다. 어쩌면 그는 집으로 돌아가는 길 위에서 아버지에게 할 말을 연습했을지도 모릅니다.

장면 #3 (누가복음 15:20~24)

등장인물	상황, 행동, 말
아버지	아직도 상거가 먼데 아버지가 저를 보고 측은히 여겨 달려가 목을 안고 입을 맞추니
둘째 아들	아버지여 내가 하늘과 아버지께 죄를 얻었사오니 지금부터는 아버지의 아들이라 일컬음을 감당치 못하겠나이다
아버지	종들에게 이르되 제일 좋은 옷을 내어다가 입히고, 손에 가락지를 끼우고, 발에 신을 신기라. 그리고 살진 송아지를 끌어다가 잡으라. 우리가 먹고 즐기자. 이 내 아들은 죽었다가 다시 살아났으며 내가 잃었다가 다시 얻었노라!
종들	저희가 즐거워하더라

돌아가야 할 집은 아직 한참 멀었는데, 어찌된 일인지 아버지가 아들을 먼저 발견하고 측은한 마음으로 뛰어옵니다. 자신을 향해 달려온 아버지가 목을 안고 입을 맞추지만, 둘째 아들은 어찌할 바를 모르고 자기가 연습했던 말만 내뱉습니다. 그런데 아버지는 아들이 하는 말은 들리지도 않는다는 듯, 종들을 불러 제일 좋은 옷과 가락지, 신을 가져오라고 합니다. 맛있는 음식을 차려 잔치를 열고 다같이 기뻐하자고 합니다.

아버지는 그동안 얼마나 간절한 마음으로 아들이 떠나간 길을 바라보며 서 있었을까요? 언제 돌아올 지 모르는 아들을 기다리며, 저 멀리 걸어오는 아들을 향해 달려가는 아버지의 마음에는 아들을 향해 주체하지 못하는 사랑이 있습니다. 누군가는 부끄러운 자식이니 조용히 맞으라 했을지도 모르지만, 아버지는 아들이 죽지 않고 살아서! 다시 돌아왔다는 것이! 너무 기쁠 뿐입니다. 그래서 다 함께 즐길 잔치를 열었습니다.

장면 #4 (누가복음 15:25~28)

등장인물	상황, 행동, 말
첫째 아들	밭에 있다가 돌아와 집에 가까왔을 때에 풍류와 춤추는 소리를 듣고 한 종을 불러 이 무슨 일인가 물은대

한 종	당신의 동생이 돌아왔으매 당신의 아버지가 그의 건강한 몸을 다시 맞아 들이게 됨을 인하여 살진 송아지를 잡았나이다 하니
첫째 아들	노하여 들어가기를 즐겨 아니하거늘

마침 이때 첫째 아들이 밭에서 돌아옵니다. 온 집이 시끌벅적해 종을 불러 무슨 일인가 묻습니다. 집 나간 동생이 건강하게 돌아온 것을 기뻐하며 아버지가 잔치를 열었다고 하니, 순간 열이 확 올라옵니다. 집안의 수치인 그 나쁜 놈이 돌아온 게 무슨 큰 일이라고 아버지는 잔치까지 열었다는 건지. 아버지도 동생도 다 마음에 안 들어 집에 들어가지 않으려고 합니다.

장면 #5 (누가복음 15:28~32)

등장인물	상황, 행동, 말
아버지	나와서 권한대 (his father came out and began pleading with him. *plead: 애원하다, 간청하다)
첫째 아들	내가 여러 해 아버지를 섬겨 명을 어김이 없거늘 내게는 염소 새끼라도 주어 나와 내 벗으로 즐기게 하신 일이 없더니 아버지의 살림을 창기와 함께 먹어버린 이 아들이 돌아오매 이를 위하여 살진 송아지를 잡으셨나이다
아버지	얘 너는 항상 나와 함께 있으니 내 것이 다 네 것이로되 이 네 동생은 죽었다가 살아났으며 내가 잃었다가 얻었기로 우리가 즐거워하고 기뻐하는 것이 마땅하다

그때 아버지가 밖으로 나와 첫째 아들을 맞이하며, 잔치하는 집안으로 들어가자고 간청합니다. 아버지에게는 집을 나가지 않은 첫째 아들이나 집을 나갔다 돌아온 둘째 아들이나 똑같이 귀한 자녀이기에, 잃어버렸던 둘째 아들이 돌아온 자리를 함께 기뻐하기 원합니다.

하지만 첫째 아들의 마음은 다릅니다. 그만 화를 가라앉히지 못하고 벌컥 속마음을 아버지께 비치고 맙니다. '아버지, 나한테 잘해 주셔야죠. 나는 오랫동안 열심히 순종했고, 순종하는 동안 하나도 즐기지 못했어요. 제멋대로 나가서 죄만 짓고 돌아온 놈한테 뭘 잘했다고 잔치를 누리라고 하십니까?'

첫째 아들의 속마음을 들으니 어떤가요? 비록 아버지 옆을 떠나지 않긴 했지만, 첫째 아들 역시 아버지에게 큰 관심도 없고 친밀함도 없는 것으로는 둘째 아들과 별반 다르지 않아 보입니다. 아버지가 무슨 생각을 하시는지, 무슨 마음을 품고 계시는지, 아들인 자신과 무슨 이야기를 나누고 무엇을 함께 하고 싶으신지 전혀 궁금해하지 않았던 것 같고요. 첫째 아들도 결국 아버지가 자기에게 주실 것, 누리게 해 주실 것에만 관심이 있었던 것 같습니다.

그런 첫째 아들에게 아버지는 말합니다. '내 아들아, 너는 항상 나와 함께 있으면서 내 모든 것을 당연히 누릴 수 있어. 내가 가진 모든 것이 네 것이야. 그러니 지금은 우리를 떠났다가 돌아온, 어쩌면 죽어서 영영 다시 못 볼 수도 있었던 둘째가 살아서 돌아와 준 걸 함께 기뻐하자.'라고요.

아버지의 본심, 자비와 긍휼

이 비유를 쭉 함께 읽었는데요. 어떤 마음이 드시나요? 그 당시 바리새인과 서기관들은 예수님께 나아온 세리와 죄인들과 달리, 사회적으로나 율법적으로나 의롭다 여겨졌던 사람들입니다. 누구보다 하나님의 말씀을 열심히 연구했고, 율법을 지키기 위해 자신들의 삶에서 여러 대가를 지불하며 살아온 사람들이었으니까요.

그들은 스스로를 의롭다 여겼기 때문에, 기다리던 메시아가 오시면 자신들을 가장 먼저 챙겨주고 대접해주어야 한다고 생각했습니다. 자기들과 다른 죄인들은 심판하고 벌하시는 그런 메시아를 기다렸습니다. 메시아를 바랐다기보다 메시아가 오셔서 자신들에게 줄 그 상을 바랐습니다.

상을 바라는 마음이 틀린 마음은 아닙니다. 다만 예수님께서 비유를 통해 말씀하고자 하신 것은 하나님 아버지의 마음입니다. 하나님을 떠난 사람들을 향한 아버지의 가장 우선하는 마음은 긍휼입니다. 죄로 인해 고통받고 힘들고 괴로웠을 그 영혼을 바라보시는 마음이지요. 그래서 아버지는 자신을 떠났던 사람들이 자신에게 다시 돌아온 것이 한없이 기쁩니다. 그들의 힘듦에 영원히 마침표를 찍어줄 수 있고, 또다시 힘든 일이 오더라도 이제 곁에서 도와줄 수 있으니까요.

특별히 예수님은 누가복음 15장에 나오는 세 가지 비유 - 잃어버린 한 마리 양, 잃어버린 한 드라크마, 잃었다 얻은 아들 - 에서 '잃어버렸다'라는 표현을 쓰시는데요. 여기서 우리는 하나님 아버지의 긍휼의 근원을 발견합니다. 그것은 바로 우리가 모두 본래 하나님의 소유, 하나님과 깊은 관계로 맺어진 사람들이었다는 것입니다.

아버지의 긍휼은 바로 이 관계성에서 시작합니다. 이 관계는 죄를 지었다고 해서 끊어지거나 버려지지 않는 사랑의 관계입니다. 그래서 다함이 없습니다. 우리는 종종 누가 더 죄인인지, 누가 더 순종했는지, 누가 더 열심히 참았는지 등의 잣대로 다른 사람들과 자신을 판단하곤 합니다.

하지만 아버지의 마음에 가득한 긍휼은 판단과 심판 전에 더 오래 참으심으로 계속해서 새로운 기회를 주시고 늘 먼저 손을 내미십니다. 하나님은 그분의 거룩하심과 마찬가지로 그분의 자비와 긍휼의 마음을 우리도 품길 기대하십니다.

예수님의 비유를 잘 살펴보면, 아버지 마음에 동참하는 사람들이 나옵니다. 바로 아버지의 종들입니다. 종들은 아버지가 기뻐할 때 함께 기뻐하고 즐거워합니다. 어떻게 그럴 수 있었을까요?

종들은 스스로 의인이 되지 않았습니다. 자신들의 종됨을 알고 인정했습니다. 아버지를 선하신 주인으로 모시고 순종했으며, 주인이 베푸신 모든 것을 은혜로 여기며 감사함으로 누렸습니다. 그래서 그들은 억울해하지 않았고, 손해 본 듯 느끼지 않았습니다.

우리에게는 이 종들과 같은 마음이 있나요? 하나님을 내 하나님, 내 주인으로 모시는 마음 말입니다. 자격 없는 내게 자비와 긍휼을 베푸시는 그분께 순전히 감사하며, 모든 것이 주의 은혜임을 인정하고 고백하는 이 마음이 있나요?

너희의 믿음의 역사와 사랑의 수고와

우리 주 예수 그리스도에 대한 소망의 인내를

우리 하나님 아버지 앞에서 끊임없이 기억함이니

데살로니가전서 1:3

PART 2

하나님 백성의
믿음, 소망, 사랑

Chapter 6.

하나님
안에서의
믿음

이번 장에서는 하나님을 믿는다는 것이 무엇인지 살펴보겠습니다. 믿음은 왜 중요할까요? 하나님과 함께 하는 삶은 '이해'가 아니라 '믿음'에서 시작하기 때문입니다.

> 히브리서 11:3
> 믿음으로 모든 세계가 하나님의 말씀으로 지어진 줄을 우리가 아나
> 니 보이는 것은 나타난 것으로 말미암아 된 것이 아니니라

히브리서 말씀을 보면 알아서 믿었다고 되어 있지 않고, 믿음으로 알게 되었다고 나옵니다. 제 개인적으로 '이해하는 것'과 '믿는 것'에 관해 깊이 생각해보는 계기가 되었던 이야기 하나를 나누겠습니다.

Abby's Story
"말씀 이전에 말씀하신 당신을 믿음"[5]

제가 다녔던 대학교에는 '창조와 진화'라는 교양필수 과목이 있었습니다. 하나님을 믿기는 커녕 전혀 알지도 못했던 1학년 때 그 수업을 듣는데, 교수님께서 무슨 말씀을 하시는 건지 도무지 이해가 되지 않아 괴로울 지경이었습니다. 믿어지지도, 믿고 싶지도 않은 이야기들이었으니까요.

시간이 흘러 제가 2학년이 되었을 때 저는 하나님을 믿고 알아가게 되었습니다. 하나님에 대해 모르는 게 너무 많았습니다. 하나님을 처음 일대일로 만나게 해준 말씀 묵상을 거르지 않으려 애쓰며 말씀 속에서 하나님의 뜻, 특히 하나님의 본심을 궁금해하며 찾으려 했습니다.

그렇게 하나님을 믿고 15년쯤 되었을 때, 제가 다니던 교회에서 '창조와 진화 세미나'가 열린다는 소식을 들었습니다. 저는 대학교 1학년 때의 기억을 떠올리며 세미나를 기대했습니다. 전과 달리 강의를 들으면 이해도 쏙쏙 되어서 무척 재미있는 시간이 될 것 같았기 때문입니다.

5   <생각의 기원>(정소영,이연임. 렉스. 2020) 160-161p에서 발췌/인용

그런데 막상 세미나에 참석해 보니 강사의 말이 완전히 이해되지 않는 건 여전했습니다. 하지만 강의가 끝나고 스스로를 보니 이전과는 확실히 달라진 부분이 있었습니다. 여전히 강의 내용은 다 이해되지 않았지만, 하나님께서 "태초에 천지를 창조하셨다"라고 하신 말씀은 진심으로 믿어졌습니다.

저는 그런 제 자신이 너무 신기해 하나님께 여쭤봤습니다. "하나님, 저 어떻게 하나님께서 태초에 천지를 창조하셨다는 게 이렇게 믿어져요? 진짜 의심 하나 없이 믿어지는데 어떻게 이렇게 됐죠?"

그때 하나님께서 제 마음에 말씀해 주셨습니다. "내가 말했으니까. 내가 한 말이니까. 그렇지."

정말 그렇습니다. 이제 저는 하나님이 팥으로 메주를 쑤신다고 해도 믿습니다. 그 말 자체가 이해되어서가 아니라, 하나님이 하신 말씀이라는 것 때문에요. 지금의 저는 하나님과 그런 사이가 된 것 같습니다. 말하면 곧이곧대로 믿을 수 있는 사이요.

믿음은 하나님께서 주시는 선물입니다. 하나님은 기꺼이 우리에게 이 선물을 주고자 하시고, 아마 이 성경공부 자리에까지 나온 우리 모두는 그 믿음을 선물로 받았을 것입니다. 그렇다면 믿음을 선물로 받은 우리의 모습은 어떠해야 할까요? 지금부터 믿음이 무엇인지 살펴보겠습니다.

1. 하나님이 말씀하신 것을 기억하고 붙드는 것

하나님을 믿는다는 것은 무작정 '믿습니다', '믿어야 해' 이렇게 되뇌거나 외치는 것이 아닙니다. 또한 불분명한 것을 미루어 짐작하며, 불안한 감정을 없애기 위해 자기 세뇌를 하거나 자기 확신을 스스로 불러일으키는 것이 아닙니다. 하나님을 믿는다는 것은 하나님께서 말씀하신 것을 믿는다는 의미입니다. 그래서 믿는 사람은 자신에게 말씀하신 것을 기억하고 붙드는 모습으로 믿음을 보입니다. 만약 기억하거나 떠올릴 말씀이 없다면, 믿는 것보다 말씀을 듣는 것이 먼저입니다.

히브리서 말씀도 살펴보겠습니다. 히브리서에는 아브라함이 이삭을 드릴 수 있었던 배경을 그의 믿음이라 설명하고 있습니다. 아브라함은 하나님의 말씀을 듣고 '어떻게 될 지 모르겠는데, 일단 믿음의 행동을 보여야 해'라는 생각으로 허벅지 찔러가며 이삭을 바친 것이 아닙니다. 그는 말씀을 이해하기 어려운 상황이었지만 이미 자신에게 말씀하신 '네 자손이라 칭할 자는 이삭으로 말미암으리라'라는 말씀을 정확히 기억하고 그 말씀을 붙드는 믿음으로 이삭을 드렸습니다.

히브리서 11:17~19

17 아브라함은 시험을 받을 때에 믿음으로 이삭을 드렸으니 저는 약속을 받은 자로되 그 독생자를 드렸느니라
18 저에게 이미 말씀하시기를 네 자손이라 칭할 자는 이삭으로 말미암으리라 하셨으니
19 저가 하나님이 능히 죽은 자 가운데서 다시 살리실 줄로 생각한지라 비유컨대 죽은 자 가운데서 도로 받은 것이니라

제가 여기서 특별히 '기억한다'라는 표현을 쓴 이유가 있습니다. 믿음이 약해지고 있을 때, 하나님께서 저에게 요청하신 것이 '믿어라'가 아니라 '기억해라'였기 때문입니다. 그 일화를 나누겠습니다.

Abby's Story
"제가 지금 무엇을 기억해야 할까요?"

한창 국제개발컨설턴트로 활동할 때의 일입니다. World Bank 사업으로 라오스에 출장을 갔다가 그곳에서 급성 충수염 진단을 받았습니다. 아픈 배를 부여잡고 여러 병원을 전전하다 마지막으로 라오스 마호솟 국립병원으로 향했습니다. 병원 응급실에 누워있는데 한국 병원과는 완전 다르더라고요. 링겔을 꽂다 피가 나고, 응급실에서 수술실 있는 건물로 이동하는 길은 자갈길이라 울퉁불퉁하고, 휠체어 타고 가는 중에 링겔줄이 휠체어 바퀴에 걸리고⋯.

그 당시 함께 일했던 박사님은 라오스가 전 세계 187개 국가 중 보건 순위로 백 몇 위라고 하시며, 현지에서 수술받는 일이 위험하다고 걱정하셨습니다. 아마 살면서 겪었던 멘붕 상황으로는 손에 꼽힐 것 같습니다. 배가 아픈지 3일째, 가족이 있는 한국으로 가자니 비행기 안에서 맹장이 터질 것 같고, 바로 수술받자니 겁은 나고, 태국이나 베트남으로 가는 것도 확신이 안 서는 상황. 저는 수술할 수 있는 의사 일정에 맞춰 당장 수술 여부를 결정해야 했습니다. 생사가 걸린 상황에 기도도 잘 안나오더라고요. 그래서 '내가 오늘 아침에 무슨 말씀 읽었지?' 하고 생각했습니다.

그때 하나님께서 이스라엘 백성에게 '기억하라'라고 여러 번 말씀하신 본문이 생각났습니다. 저는 하나님께 물었습니다. "하나님, 제가 이 상황에서 무엇을 기억해야 할까요?"

하나님께서는 기다리셨다는 듯이 제 마음에 이렇게 말씀해 주셨습니다. '연임아, 너의 생사가 무엇에 달려있을 것 같아? 보건순위에? 의료환경에? 의사의 기술에?' 저는 속으로 답했습니다. '아니요. 그런 것들이 영향을 줄 수는 있지만, 결국 저의 생사는 하나님께서 결정하신다고 믿어요.'

하나님은 그 뒤로 아무 말씀도 하지 않으셨습니다. '반드시 고쳐주겠다.' 뭐 그런 약속은 해주시지 않으셨지만 제 마음 속 불안은 사라졌습니다. 좋은 수술 결과를 하나님께 보장받았기 때문이 아니라, 내가 아버지의 유일한 주권 안에 살고 있음을 다시금 기억해내고 믿었기 때문입니다.

불안을 잠재우고 이성적으로 판단했습니다. 급성 충수염 진단을 받은 상황에서 제일 위험한 건 시간을 지체해 맹장이 터지고 복막염으로 번지는 것이라 판단해, 라오스 국립병원에서 수술하기로 결정했습니다. 수술 후 병실로 이동하니 환자복도 없고 병실에는 개미들이 줄을 지어 다니고 있었습니다. 병원 복도에서는 환자의 가족들이 밥을 짓고 있었고요. 지금 생각해도 제게 만일 하나님이 선물로 주신 믿음이 없었다면, 그 상황에서 정신줄을 놓지 않고 무언가 제대로 결정할 수 있었을 지 모르겠습니다.

그 일이 있고 나서 저는 종종 "무엇이 하나님 뜻인가요?"라고 묻는 대신 "제가 지금 무엇을 기억해야 할까요?"라고 묻곤 합니다. 이미 제게 주신 약속과 말씀을 기억하고 믿고 붙잡으려고요.

2. 능동적으로 방법을 찾고 끝까지 행하는 것

하나님을 믿는다는 것은 상황이 바뀌기를 그저 기다리는 수동적인 태도도, 기계적으로 말씀에 순종하는 것도 아닙니다. 하나님을 믿는다는 것은 하나님께서 그렇게 말씀하신 이유가 무엇인지, 어떤 마음으로 그 말씀을 하셨는지 궁금해하며, 하나님 아버지의 진짜 마음을 발견하는 것에 가깝습니다. 그렇게 발견한 아버지의 마음을 품고, 능동적으로 아버지 말씀에 순종하려는 방법을 찾는 것입니다. 지금부터는 하나님께서 직접 믿음의 조상이라 부르신 아브라함의 행동을 세밀히 살펴보겠습니다.

창세기 22:1-10

1 그 일 후에 하나님이 아브라함을 시험하시려고 그를 부르시되
   아브라함아 하시니 그가 가로되 내가 여기 있나이다

2 여호와께서 가라사대 네 아들 네 사랑하는 독자 이삭을 데리고
   모리아 땅으로 가서 내가 네게 지시하는 한 산 거기서
   그를 번제로 드리라

3 아브라함이 아침에 일찌기 일어나 나귀에 안장을 지우고
   두 사환과 그 아들 이삭을 데리고 번제에 쓸 나무를 쪼개어
   가지고 떠나 하나님의 자기에게 지시하시는 곳으로 가더니

4 제 삼일에 아브라함이 눈을 들어 그곳을 멀리 바라본지라

5 이에 아브라함이 사환에게 이르되 너희는 나귀와 함께 여기서

기다리라 내가 아이와 함께 저기 가서 경배하고 너희에게로
돌아오리라 하고

6   아브라함이 이에 번제 나무를 취하여 그 아들 이삭에게 지우고
자기는 불과 칼을 손에 들고 두 사람이 동행하더니

7   이삭이 그 아비 아브라함에게 말하여 가로되 내 아버지여 하니
그가 가로되 내 아들아 내가 여기 있노라 이삭이 가로되
불과 나무는 있거니와 번제할 어린 양은 어디 있나이까

8   아브라함이 가로되 아들아 번제할 어린 양은 하나님이 자기를
위하여 친히 준비하시리라 하고 두 사람이 함께 나아가서

9   하나님이 그에게 지시하신 곳에 이른지라 이에 아브라함이 그
곳에 단을 쌓고 나무를 벌여놓고 그 아들 이삭을 결박하여 제단
나무 위에 놓고 손을 내밀어 칼을 잡고 그 아들을 잡으려 하더니

아니 이게 무슨 일입니까? 목숨보다 소중한 그 귀한 늦둥이 외아
들 이삭을 번제로 드리라니요. 이 말을 들은 아브라함은 어땠을까
요? 무슨 말씀인지 이해되지도, 믿어지지도 않았을 겁니다. 아브
라함이 살던 시대에 아무리 인신제사가 흔했다 해도, 자신이 믿고
경험한 하나님 아버지는 그런 분이 아니시니까요.

하지만 여기서 중요한 부분은 아브라함 자신이 직접 하나님 아버지
의 말씀을 '들었다'는 것입니다. 아브라함은 이렇게 행동합니다.

3절

뭉그적거리지 않습니다. 아침 일찍 일어나 하나님께서 자신에게 일러주신 곳으로 출발합니다. 그곳에서 사람을 태울 만큼의 나무를 구하기 어려우리라 생각해 번제에 쓸 나무도 미리 쪼개서 떠납니다. 말씀하신 것에 순종하기 위해 능동적으로 준비합니다.

4~5절

아직 목적지가 한참 남았지만, 함께 간 종들에게 여기까지만 따라오고 기다리라고 합니다. 아브라함은 자신이 이삭을 결박하여 번제로 드리려고 하면, 하나님 말씀을 직접 듣지 않은 종들은 분명 자신을 말리리라 예상했을 것입니다. 자신보다 힘이 센 종들을 이길 수 없기에, 이런 상황을 막고자 더는 따라오지 못하게 하고, 바로 달려올 수 없는 먼 거리에서 기다리도록 합니다. '우리가 함께 돌아오리라'는 아브라함의 말에서 이렇게까지 철저히 준비하는 행동이 믿음에 기반을 둔 것임을 알 수 있습니다.

9~10절

순종하는 척하며 시간을 벌거나 지체하지 않습니다. 하나님께서 알려주신 곳에 이르자 곧바로 제단을 쌓고, 가져온 나무를 벌여 놓습니다. 그 후, 이삭을 결박하여 제단 위에 올려놓고 칼을 들어 이삭을 죽이려 합니다.

아브라함은 상황으로, 이전에 주신 다른 말씀으로 여러 핑계를 댈수 있었습니다. 나무를 챙겨오지 않은 다음 '이런, 와 보니 번제에 쓸 나무가 없네요.' 할 수도 있었고, 종들을 번제단까지 데려와 종들이 말리면 못 이기는 척 '제가 순종하려고 했는데 종들이 말려서 어쩔 수 없었어요.' 할 수도 있었습니다. 그리고 '하나님이 생명은 귀하다고 하셨잖아요. 이삭을 통해 자손이 많이 얻을 거라 하셨잖아요. 이건 이상하잖아요.'라고 할 수도 있었습니다.

하지만 아브라함은 그렇게 하지 않았습니다. 하나님과 그분의 약속을 의심하지 않고 직접 들은 명령에 대해 끝까지 순종할 수 있는 방법을 찾아 적극적으로 행동했습니다.

야고보서 2:18, 21-22

18 혹이 가로되 너는 믿음이 있고 나는 행함이 있으니 행함이 없는 네 믿음을 내게 보이라 나는 행함으로 내 믿음을 네게 보이리라 우리 조상 아브라함이 그 아들 이삭을 제단에 드릴 때에 행함으로 의롭다 하심을 받은 것이 아니냐

21 네가 보거니와 믿음이 그의 행함과 함께 일하고 행함으로 믿음이 온전케 되었느니라

여러분은 지금 현재 상황에서 무엇을 능동적으로 행할 수 있을까요?

3. 믿음은 여정이자 경주

믿음은 여정이자 경주입니다. 우리의 믿음은 처음부터 완성형이 아닙니다. 지금 우리가 아브라함과 같이 완전하게 순종하는 믿음이 없다고 해서 좌절하거나 실망할 필요는 없습니다. 아브라함에게도 믿음이 성숙해 가는 기나긴 여정이 있었습니다.

히브리서 12장 2절을 보겠습니다.

> 히브리서 12:2
> 믿음의 주요 또 온전케 하시는 이인 예수를 바라보자 저는 그 앞에 있는 즐거움을 위하여 십자가를 참으사 부끄러움을 개의치 아니하시더니 하나님 보좌 우편에 앉으셨느니라
>
> Looking unto Jesus the author and finisher of our faith; who for the joy that was set before him endured the cross, despising the shame, and is set down at the right hand of the throne of God. (KJV)

본문 중 '믿음의 주'라는 표현을 영어로 살펴 보면, Author라는 단어가 '창시자'라는 의미로 쓰였습니다. 우리의 믿음이 하나님 아버지께 가장 온전한 믿음을 드렸던 예수님으로부터 말미암는다는 뜻인데요. 믿음이 우리로부터 시작되지 않는다는 사실이 위로가 되지 않나요? 믿음이 좋다고 느껴지다가도 여전히 죄 가운데 있

는 우리를 발견했을 때, 우리 믿음이 예수님으로부터 시작되어 예수님을 향해 가고 있다는 사실로 절망하지 않을 수 있으니까요.

재미있게도 Author라는 단어에는 '저자'라는 뜻도 있습니다. 우리 믿음의 여정을 써 내려가시는 저자는 예수님이란 의미가 아닐까요? 지금의 모습으로 우리 믿음을 규정짓거나 제한하지 말고, 예수님께서 직접 써 내려가실 우리 믿음의 새로운 챕터를 기대해 보면 좋겠습니다.

마태복음 7:24
그러므로 누구든지 나의 이 말을 듣고 행하는 자는 그 집을 반석 위에 지은 지혜로운 사람 같으리니

Therefore everyone who hears these words of mine and puts them into practice is like a wise man who built his house on the rock. (KJV)

마태복음에 보면 주의 말씀을 듣고 행하는 자를 일컬어 '그 집을 반석 위에 지은 지혜로운 사람'이라고 합니다. 이 구절을 영어 성경으로 보면 완벽히 순종(obey perfectly)한 사람이라는 의미보다는 주의 말씀을 계속해서 연습하고 실천하는(put them into practice) 사람이라는 의미에 더 가깝습니다.

저는 개인적으로 이 말씀에서 용기를 얻었습니다. 순종의 길에서 자주 넘어질 테지만 포기하지 않고 주의 말씀 앞으로 다시 나아가고 또다시 말씀을 따르는 삶을 선택할 용기를요. 쉽지만은 않은 이 믿음의 여정에서 주님의 존재와 그분의 말씀이 여러분에게 용기가 되고 응원이 되기를 바랍니다.

Chapter 7

하나님
안에서의
소망

이번 장에서는 하나님 백성의 소망이 무엇인지 살펴보겠습니다. 사전적 의미로 소망은 어떤 일을 바라는 것을 의미합니다. 믿는 사람도 믿지 않는 사람도 미래의 무언가를 바라며 오늘을 살아갑니다. 그렇다면 믿는 사람의 소망은 믿지 않는 사람의 소망과 무엇이 다를까요? 지금부터 우리가 가진 소망의 특징이 무엇인지 알아보겠습니다.

1. 하나님, 소망의 근원이자 대상

어느 날 시편 62편을 읽다가 문득 지금 나는 어떤 소망을 품고 있으며, 그 소망은 어디에서 비롯한 것인지 궁금해졌습니다.

시편 62:1~5

1 나의 영혼이 잠잠히 하나님만 바람이여
   나의 구원이 그에게서 나는도다
2 오직 저만 나의 반석이시요 나의 구원이시요 나의 산성이시니
   내가 크게 요동치 아니하리로다
3 넘어지는 담과 흔들리는 울타리 같은 사람을 죽이려고
   너희가 일제히 박격하기를 언제까지 하려느냐
4 저희가 그를 그 높은 위에서 떨어뜨리기만 꾀하고 거짓을
   즐겨하니 입으로는 축복이요 속으로는 저주로다 (셀라)
5 나의 영혼아 잠잠히 하나님만 바라라
   대저 나의 소망이 저로 좇아 나는도다

믿는 사람의 소망은 크게 두 가지로부터 나오는 것 같습니다. 하나는 바로 나 자신입니다. 우리는 스스로 생각했을 때 좋다고 여겨지는 것들이 미래에도 이루어지기를 바랍니다. 그것은 종종 다른 누군가나 미디어가 우리에게 바라게 만든 것이기도 합니다.

소망의 근원

**그분에게서
나온 소망**

**나에게서
나온 소망**

그분 생각에 좋은 것
그분이 내게 바라게 하신 것
점점 그분 자체를 바라게 되는

내 생각에 좋은 것
다른 누군가, 또는 미디어가
나로 하여금 바라게 한 것

또 다른 하나는 하나님 아버지입니다. 우리는 믿음 안에서, 말씀에서 그분이 좋다고 하신 것을 바랍니다. 그리고 그분이 특별히 각자에게 줄로 재어준 구역에서 꿈꾸게 하신 것을 소망합니다.

믿음이 어릴 때는 하나님에게서 나온 소망과 나에게서 나온 소망 간의 간극이 큽니다. 믿음이 어릴 때 나에게서 나온 소망은 가득한 반면, 하나님에게서 나온 소망의 크기는 작습니다. 그리고 그 둘 사이의 교집합이 거의 없습니다.

하지만 하나님 안에서 하나님의 백성으로 성숙해 갈수록 하나님과 내가 함께 바라는 것이 많아집니다. 점점 그분 자체를 바라게 됩니다. 하나님이 소망을 주는 분인 동시에 소망이 되는 분이시기 때문입니다.

하나님 백성의 성숙

-> 그분과 내가 함께 바라는 것이 많아지는

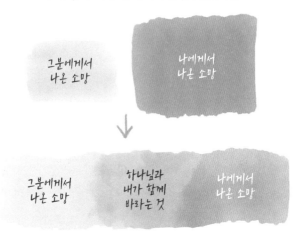

그분에게서
나온 소망

나에게서
나온 소망

그분에게서
나온 소망

하나님과
내가 함께
바라는 것

나에게서
나온 소망

시편 71:5

주 여호와여 주는 나의 소망이시요 나의 어릴 때부터 의지시라

시편 42:1~5

1   하나님이여 사슴이 시냇물을 찾기에 갈급함 같이
    내 영혼이 주를 찾기에 갈급하니이다

2   내 영혼이 하나님 곧 생존하시는 하나님을 갈망하나니
    내가 어느 때에 나아가서 하나님 앞에 뵈올꼬

3   사람들이 종일 나더러 하는 말이 네 하나님이 어디 있느뇨 하니
    내 눈물이 주야로 내 음식이 되었도다

4 내가 전에 성일을 지키는 무리와 동행하여 기쁨과 찬송의 소리를
   발하며 저희를 하나님의 집으로 인도하였더니 이제 이 일을
   기억하고 내 마음이 상하는도다

5 내 영혼아 네가 어찌하여 낙망하며 어찌하여 내 속에서 불안하여
   하는고 너는 하나님을 바라라 그 얼굴의 도우심을 인하여
   내가 오히려 찬송하리로다

요즘 여러분이 바라는 것은 무엇인가요?

그 중에 하나님과 여러분이 함께 바라는 것은 무엇인가요?

2. 하나님께서 약속하신 소망의 확실함

사람들이 바라는 소망은 불확실합니다. 그래서 미래의 무언가를 바라면서도 진짜 이루어질까 불안해하고 걱정합니다. 꼭 이루어지길 바라는 것이 있을 때는 더욱 노심초사합니다. 하지만 그리스도인이 하나님께 받은 소망은 다릅니다. 아버지가 약속하신 소망은 확실합니다. 때가 되었을 때 반드시 이루어집니다.

소망의 확실성

사람들의 일반적인 소망	VS	그리스도인이 하나님께 받은 소망

불확실한 것
Uncertain

확실한 것
Certain

성경은 말합니다. 하나님은 인생이 아니시니 말씀하신 바를 반드시 행하신다고요. 그리고 그 말씀은 영원히 사라지지 않는다고요.

민수기 23:19
하나님은 인생이 아니시니 식언치 않으시고 인자가 아니시니
후회가 없으시도다 어찌 그 말씀하신 바를 행치 않으시며
하신 말씀을 실행치 않으시랴

이사야 40:8
풀은 마르고 꽃은 시드나 우리 하나님의 말씀은 영영히 서리라 하라

믿음과 소망의 관계

히브리서 11:1
믿음은 바라는 것들의 실상이요 보지 못하는 것들의 증거니

Now faith is the substance of things hoped for,
the evidence of things not seen. (KJV)

믿음은 미래에 바라는 소망의 확실성을 현재로 가져옵니다. 하나님의 사람들이 믿음으로 소유한 이 확실한 소망은 우리로 하여금 오늘 인내할 수 있게 하고 기다릴 수 있게 합니다. 또한, 끝까지 견디게 합니다.

로마서 8:23~26
23 이뿐 아니라 또한 우리 곧 성령의 처음 익은 열매를 받은
   우리까지도 속으로 탄식하여 양자 될 것 곧 우리 몸의 구속을
   기다리느니라
24 우리가 소망으로 구원을 얻었으매 보이는 소망이 소망이 아니니
   보는 것을 누가 바라리요
25 만일 우리가 보지 못하는 것을 바라면 참음으로 기다릴찌니라
26 이와 같이 성령도 우리 연약함을 도우시나니 우리가 마땅히
   빌 바를 알지 못하나 오직 성령이 말할 수 없는 탄식으로
   우리를 위하여 친히 간구하시느니라

디모데후서 4:4~8

4 또 그 귀를 진리에서 돌이켜 허탄한 이야기를 좇으리라

5 그러나 너는 모든 일에 근신하여 고난을 받으며
   전도인의 일을 하며 네 직무를 다하라

6 관제와 같이 벌써 내가 부음이 되고 나의 떠날 기약이 가까왔도다

7 내가 선한 싸움을 싸우고 나의 달려갈 길을 마치고 믿음을 지켰으니

8 이제 후로는 나를 위하여 의의 면류관이 예비되었으므로
   주 곧 의로우신 재판장이 그 날에 내게 주실 것이니
   내게만 아니라 주의 나타나심을 사모하는 모든 자에게니라

Abby's Story
"확률인가? 진리인가?"[6]

예전에 진로 문제로 심하게 고민할 때 있었던 일입니다. 제게는 최종적으로 두 가지 선택지가 남아 있었습니다. 첫 번째 선택지는 제 전공 분야에서 가장 존경하는 교수님이 고용안정성과 장래성을 확신하며 추천해주신 일이었고, 두 번째 선택지는 제가 기도했을 때 하나님께서 했으면 좋겠다고 말씀하신 일로, 확실해 보이는 것은 아무것도 없는 일이었습니다.

저는 두 번째 선택지로 이미 응답을 받은 상황이었지만, 교수님께서 여러 근거로 설득력 있게 제안해 주신 일의 안정성과 장래성을 두고 고민하며 좀처럼 결정을 내리지 못하고 있었습니다. 게다가 그 당시 제가 접한 모든 미디어의 내용 역시 교수님의 의견을 지지하고 있었고요.

그렇게 한참을 미적거리며 갈팡질팡하고 있을 때 하나님께서 말씀하셨어요. "연임아, 너 수학 좋아하니까 내가 오늘은 수학 문제 하나를 내보려고 하는데 괜찮겠지? 네가 지금 계속 끌리고 있는 그 첫 번째 선택지에서 주장하는 그 안정성과 장래성이 미래에 진짜로 보장

6 <생각의 기원>(정소영,이연임. 렉스. 2020) 53-54p에서 발췌/인용

될 확률을 정확히 숫자로 표현하면 얼마가 될 것 같니? 최대치로 한 번 이야기해 보렴."

저는 잠시 머리를 굴리다 대답했습니다. "최대로 잡으면 한 60~70% 정도 될 거 같아요. 사실 지금은 너무 불확실성이 높은 시대니까요. 특히 어떤 직업이 언제 무슨 기술로 대체될지 감을 잡을 수도 없고요."

저의 대답을 듣고 하나님 아버지께서는 다시 말씀하셨습니다. "그렇다면 성경에서 내가 일어날 것이라 한 일이 진짜 일어날 확률은 얼마인 것 같니? 진리가 갖는 확률을 대답해 보렴." 저는 잠깐 아무 말도 하지 못했습니다. 그리고 작은 소리로 대답했죠. "100%요. 진리는 진리니까. 진리는 하나님 말씀이니까 100%요."

마지막으로 하나님께서 하신 말씀은 이것이었습니다. "연임아, 이제 진로 선택은 너의 결정이다. 하지만 내가 네게 꼭 가르쳐주고 싶은 한 가지는 바로 너의 선택은 언제나 확률의 유혹이 아닌 진리에 기반을 둬야 한다는 것이란다. 그것이 나를 믿는 것이다." 이 말씀을 듣고 저는 평소의 저라면 생각하지도 못했을 시도를 할 수 있었습니다.

Chapter 8

하나님
안에서의
사랑

마지막으로 사랑에 관해 이야기해보려 합니다. 사랑은 하나님의 가장 중심적 속성이면서 동시에 우리에게 공유해주신 속성입니다. 솔직히 이 깊고 깊은 주제를 잘 설명할 자신이 없어 어떻게 풀어야 할까 한참을 고민했습니다.

이 장에서는 사랑이 무엇인지 정의하기보다 제가 여정 성경공부를 인도하며 목격한 사랑의 흐름에 대해 나누고자 합니다. 하나님의 사랑이 어떻게 우리에게 전해지고 또 이웃에게로 흘러가는지, 저와 여정 멤버들 삶에서 발견한 사랑의 흐름에 관한 이야기입니다.

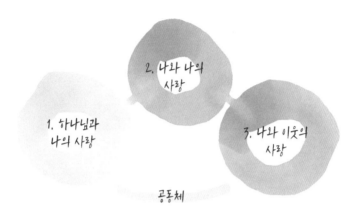

2. 나와 나의 사랑

1. 하나님과 나의 사랑

3. 나와 이웃의 사랑

공동체

1. 하나님과 나 사이의 사랑

우리가 누군가를 사랑하려면, 먼저 하나님의 사랑으로 채워져야 합니다. 선물을 받을 때 대가를 치르는 사람이 없는 것처럼, 값없이 주시는 사랑을 그저 감사하게 받는 것입니다.

하나님과의 사랑의 관계, 그 개인적인 관계 안에서 충분히 누리는 것, 그리고 필요하다면 예수 그리스도로 말미암아 하나님과 화해하는 것이 우리가 사랑하기 위해 준비되어야 할 것입니다. 그 사랑 안에서 우리가 먼저 회복되고, 단단해지고, 생기가 풍성히 차올라야 합니다.

스바냐 3:17

너의 하나님 여호와가 너의 가운데 계시니 그는 구원을 베푸실
전능자시라 그가 너로 인하여 기쁨을 이기지 못하여 하시며
너를 잠잠히 사랑하시며 너로 인하여 즐거이 부르며 기뻐하시리라
하리라

로마서 5:8~9

8   우리가 아직 죄인 되었을 때에 그리스도께서 우리를 위하여
     죽으심으로 하나님께서 우리에게 대한 자기의 사랑을
     확증하셨느니라

9   그러면 이제 우리가 그 피를 인하여 의롭다 하심을 얻었은즉
     더욱 그로 말미암아 진노하심에서 구원을 얻을 것이니

골로새서 1:19~20

19   아버지께서는 모든 충만으로 예수 안에 거하게 하시고

20   그의 십자가의 피로 화평을 이루사 만물 곧 땅에 있는 것들이나
      하늘에 있는 것들을 그로 말미암아 자기와 화목케 되기를
      기뻐하심이라

하나님께 여러분은 어떤 존재일까요?
여러분의 말로 표현해보세요.

2. 나와 나 사이의 사랑

하나님 안에서 하나님과 사랑을 주고받다 보면 우리는 하나님의 시선과 마음을 깨닫게 됩니다. 하나님의 마음을 알게 되면 우리 스스로를 바라보는 관점도 달라집니다. 누군가에 의해 왜곡되고 망가진 렌즈가 아닌, 태초부터 신묘막측하게 우리를 창조하신 그 마음으로 우리 자신을 바라보게 됩니다. 아버지의 마음을 가진 내가 나 자신을 용납하고 화해하며 사랑하게 되었을 때, 우리는 다른 사람을 사랑할 준비가 됩니다.

혹시 '자기애는 누구나 당연히 갖고 있지 않나?'라고 생각하거나, '그리스도인은 자기를 사랑하면 안 되고 오히려 부인해야 하지 않나?'라고 생각할 수 있는데요. 저는 종종 '자기를 부인한다'는 미명으로 자신을 소중히 대하지 않는 경우를 볼 때마다 마음이 아픕니다. 하나님보다 나 자신을 사랑하는 것은 피해야 하지만, 하나님 안에서 나를 귀하게 여기는 것은 꼭 필요하니까요.

창세기 1:27
하나님이 자기 형상 곧 하나님의 형상대로 사람을 창조하시되
남자와 여자를 창조하시고

시편 139:13~14

13 주께서 내 장부를 지으시며 나의 모태에서 나를 조직하셨나이다

14 내가 주께 감사하옴은 나를 지으심이 신묘막측하심이라
주의 행사가 기이함을 내 영혼이 잘 아나이다

여러분은 아래 말들에 대해 어떻게 생각하나요?

"그리스도인은 자기를 사랑하면 안돼"

"늘 자기를 부인해야지"

"자기를 사랑하면 이기적인 거야"

"사랑하면 무조건 참아야지, 들어줘야지"

3. 나와 이웃 간의 사랑

여정을 인도하면서 제가 발견한 한 가지는, 하나님과 서로 사랑하고 자신과 화해한 사람들은 자연스레 누군가를 떠올린다는 것입니다. 자신이 누리고 있는 상태로 초대하고 싶은 누군가를요. 이웃을 사랑해야 한다고 외치지 않았는데 사랑 안에서 회복되고 자연스레 이웃의 이야기를 꺼내기 시작하는 여정 멤버들을 보며, 하나님의 형상대로 창조된 우리의 자연스러운 모습이 이런 것이 아닐까 생각했습니다.

감정이 생겨야만 사랑을 할 수 있다고 말하는 사람도 있겠지만, 우리는 사랑하려는 마음이 생기지 않아도 사랑하려는 의지를 가질 수 있어야 합니다. 왜냐하면 하나님께서 사랑을 명령하셨기 때문입니다. 감정을 만드신 분께서 명령하면 없던 감정이 생기는 것이 아니라는 사실을 모르실 리 없습니다. 그런데도 사랑을 계명으로 주신 것은 우리가 의지를 가지고 사랑하기를 바라신 건 아닐까요? 하나님의 사랑을 충만히 누리며 스스로를 건강히 돌볼 수 있을 때, 우리는 사랑할 의지도 가질 수 있습니다.

요한복음 13:34
새 계명을 너희에게 주노니 서로 사랑하라 내가 너희를 사랑한것 같이 너희도 서로 사랑하라

요한 1서 4:19
우리가 사랑함은 그가 먼저 우리를 사랑하셨음이라

마가복음 12:31
둘째는 이것이니 네 이웃을 네 몸과 같이 사랑하라 하신 것이라 이에서 더 큰 계명이 없느니라

하나님의 마음으로 누군가를 사랑한다면,
누구에게 무엇을 해주고 싶나요?

4. 공동체

믿음 안에서 자라가는 시간이 흐를수록 공동체의 중요성을 실감합니다. 하나님의 놀라운 사랑도, 나 자신을 돌보는 사랑도, 이웃과 더불어 사는 사랑도 혼자서는 깊이 경험하기 어렵습니다.

지난 시간을 돌이켜보면, 제가 미처 발견하지 못한 하나님의 일하심을 발견하고 기꺼이 나눠준 공동체가 있어 하나님에 관한 지식이 풍성해질 수 있었습니다. 스스로를 바라보는 시선이 왜곡되어 있을 때, 제 모습 속에서 열심히 하나님의 형상을 찾아내어 격려해 주는 공동체가 있어 저를 더 귀하게 여길 수 있었습니다. 누군가를 섬기다 지쳐 고독하다 느낄 때 따뜻한 한마디를 건네며 손 꼭 잡아 주는 사람들이 있어 중간에 포기하지 않을 수 있었습니다.

건강한 공동체는 참 아름답습니다. 하나님 안에서 살아갈 방향을 삶으로 먼저 살아내는 리더들과 서로를 진심으로 지지하며 말씀 안에서 함께 교회로 지어져 가는 사람들이 있는 공동체는 결국 사람을 살리니까요. 풍성한 생명을 주고 싶어하신 그분을 기억하며, 우리 모두 서로 눈을 맞추고 온기를 전할 수 있는 믿음의 공동체를 바라고 찾고 가꾸어 가는데 더욱 힘써 보면 어떨까요?

히브리서 10: 24-25

24 서로 돌아보아 사랑과 선행을 격려하며

25 모이기를 폐하는 어떤 사람들의 습관과 같이 하지 말고
   오직 권하여 그날이 가까움을 볼수록 더욱 그리하자

에베소서 4:2-4

2 모든 겸손과 온유로 하고 오래 참음으로 사랑 가운데서
  서로 용납하고

3 평안의 매는 줄로 성령의 하나 되게 하신 것을 힘써 지키라

4 몸이 하나이요 성령이 하나이니 이와 같이 너희가 부르심의
  한 소망 안에서 부르심을 입었느니라

여러분이 지금 속한 공동체는 무엇인가요?

그 공동체를 건강하게 하기 위해 무엇을 해볼 수 있을까요?

Abby's Story
"착한 사랑보다 바른 사랑"

2020년에 리얼워크라는 회사를 공동 창업한 이후 지금까지 사랑에 대해 더 깊이 알아가고 있습니다. 저는 회사 멤버들이 저를 '정확하고 뒤끝 없는 사람'으로 여긴다고 생각했습니다. 그런데 최근 멤버들과 일대일로 대화하고 몇몇에게 손편지를 받으면서 새로운 사실을 알게 되었습니다. 멤버들이 저를 '사랑하는 사람'으로 바라본다는 것을요. 여기서 한 가지 재밌는 건 멤버들이 제 사랑을 묘사할 때 '강한, 바른, 지혜로운, 자주 경험해보지 못한' 등등의 수식어를 붙인다는 것입니다.

대부분 그리스도인인 우리 멤버들은 제가 사랑하는 모습 앞에 왜 이런 수식어를 붙일까요? 저는 우리 멤버 한 명 한 명을 진심으로 신뢰하고 좋아합니다. 그래서 언제나 우리 멤버들과 회사가 함께 성장하고 잘 되는 방향으로 의사결정하고 피드백하려고 최선을 다합니다. 일할 때 인정과 격려를 아끼지 않고 멤버들을 배려하지만, 아닌 것은 아니라고 명확하게 말하고 거절해야 할 것은 단호하게 거절합니다. 저는 따뜻하지만 명확한 사람, 위로만 해주는 게 아니라 방향도 함께 찾아주는 사람이 되고 싶습니다.

자칫 사랑의 모습을 서로 좋게만 대하는 것으로 생각할 수 있습니다. 늘 좋은 말만 하고 상대방이 기분 나쁠 만한 이야기는 피하는 모습으로요. 하지만 조직이라는 공동체를 놓고 깊이 고민할수록 이런 모습만 있을 수는 없다는 결론에 다다릅니다. 리더가 되고 나니 리얼워크 멤버들이 지금의 모습보다 더 나은 모습으로 성장하도록, 여정 공동체에서는 함께 믿는 사람들이 지금의 모습에서 하나님이 바라는 모습으로 한 발짝 옮겨가도록 도울 책임이 있다는 생각이 듭니다.

쉽지 않더라도 옳은 방향을 이야기하는 것이 상대방을 진정으로 위하는 행동이지 않을까 싶습니다. 혹 미움을 받게 된다 해도 그 반응까지 받을 용기를 내야 상대방이 잠재력을 더욱 발휘할 수 있는 것 같고요.

이 글을 쓰다 보니 예전에 다니엘서 말씀을 읽으며 한참을 고민했던 시간이 떠오릅니다. '지혜 있는 자는 궁창의 빛과 같이 빛날 것이요 많은 사람을 옳은 데로 돌아오게 한 자는 별과 같이 영원토록 빛나리라'라는 구절을 읽으며, 나는 과연 '옳은 데'를 알고 있을까? 하는 생각을 오랫동안 했었거든요. 여전히 진짜 사랑을 하기 위해 제게 중요한 건 빛나거나 많은 사람을 돌아오게 하는 것이 아니라, '옳은 데'를 알고자 매일 힘쓰는 그것인 것 같습니다. 적어도 저와 눈을 마주치는 사람들에겐 그 옳은 데를 마음을 담아 소개하고 싶거든요.

에필로그

"헤매고 또 헤맨다 해도, 계속 돌이키며 가까이 있고 싶은 그분"

책을 마무리하며, 이번 주 하나님과의 만남을 떠올려 봅니다. '이 번 주 아버지와 나 사이에 무슨 이야기가 있었더라?' 하고 질문을 던지자마자 같이 일하는 선배와 나눴던 대화 장면이 스쳐 지나갑 니다.

정신없이 몰아쳤던 회사 일을 마치고 늦은 저녁을 먹던 어느 날 입니다. 선배가 말했습니다. "넌 진짜 오늘 죽어도 후회가 하나도 없겠다. 매일 그렇게 다 쏟아서 사니까." 저는 1초의 망설임도 없 이 대답했습니다. "네. 그럴 거 같아요. 매일매일 꽉꽉 채워 불사 르며 사는 것 같아요." 농담인 듯 농담 아닌 것 같은 말을 하고 웃 으며 지나갔습니다.

'응? 갑자기 왜 이 대화가 생각났을까?' 가만히 멈춰, 이 대화를 들으셨을 아버지 맘을 헤아려봅니다. 이내 예전에 제가 했던 어 떤 말이 떠오르며, 제 말을 들으셨을 아버지는 마음이 서운하셨을 것 같다는 생각이 들었습니다.

예전에 친구가 "넌 언제 죽으면 좋겠어?"라고 물은 적이 있었습니다. 그때 "난 하나님이 가장 반가울 날 죽고 싶어. 만나면 서먹서먹할 것 같은 날 말고. 그분이 보이면 100m 달리기로 달려가 와락 안기고 싶을 그런 날."이라고 답했습니다. 매일 그분과 살갑게 지내다, 그분이 너무 그립고 보고싶은 날에 그분을 뵙고 싶었거든요.

그런데 요즘의 저는 아닌가 싶더라고요. 일 열심히 했다고 죽어도 여한이 없다는 말이나 하는 걸 보면요. 하나님도, 사랑하는 사람들도 아닌, 일과 성취에 빠져 살고 있다는 방증이겠지요. 열심히 사는 건 좋지만 그렇다고 아버지 맘과 멀어지고 싶진 않은데, 또 이렇게 헤매고 있나 봅니다. 그래도 좌절하거나 멈추지는 않으려고요. 살아가며 헤매고 또 헤맨다 해도, 계속 돌이키며 가까이 있고 싶은 그분이 살아계시니까요. 그리고 소망은 제가 아닌 그분께 있으니까요.

혹시 여러분도 하나님을 배우고 더 알아가다 도무지 바뀌지 않는 것 같은 자신의 모습과 마주하더라도, 그래서 실망하게 되더라도 멈추지는 않으셨으면 좋겠습니다. 끝없는 사랑과 명확한 뜻 가득 담아 우리에게 생명 주신 아버지가 우리 곁에 계시니까요. 한걸음 한걸음 그분과 동행하다, 시즌 2 예수님 편에서 다시 만나요!

공동연구진 에필로그

코로나 시즌에 온라인 북코칭 클래스를 시작했다. 북코칭을 통해 참석자들이 과거 경험으로부터 비롯된 왜곡된 관점을 바로잡아가는 것을 보게 되었다. 기쁘고 감격스러운 경험들이었지만, '우리가 이렇게 행복하게 살았다'로 끝을 낼 것이 아니라 결국 각자의 인생을 가지고 하나님께로 가야 한다는 생각이 더욱 커졌다.

이 마음을 품고 주위를 둘러보니 하나님(말씀)을 더 알고 싶고 진실한 나눔을 할 수 있는 안전지대를 갈망하는 여성들이 정말 많다는 것을 보게 되었고, 나의 큰 즐거움과 세상의 깊은 필요가 만나는 지점이라는 소명의 정의를 다시금 떠올리게 되었다.

고민 끝에 이연임 선생님과 함께 2020년 여정(女井)의 첫 발걸음을 내디뎠다. 2022년에 2기를, 2023년에는 2그룹으로 나누어 3기를, 2024년에는 리더 10명과 함께 50여 명에 이르는 여성들과 이 과정을 함께 하게 되었다. 이 과정을 함께 개발하고 인도하며 말씀 속에서 여성들을 만났던 3년 반 동안, 나는 정말 많이 자라고 살아났으며 깨어났다!

결국 가장 큰 수혜자는 하나님을 정말 사랑하게 된 나라는 것을 고백하지 않을 수 없다. 책으로 세상에 선보이는 여정 시리즈가 새 부대의 새 술로, 한국의 여성들, 나아가서 세계의 여성들을 만나기를 원하고 기도한다.

- 정은진, 진로와소명연구소 소장

"여정이라는 게 있는데, 너가 꼭 해야 하는 거야. 들어와 봐, 일단 ~" 이게 뭔 소린가 싶을만큼 설득도 홍보도 없는 이 어처구니 없는 말에 더 어처구니 없게도 그곳, 여정이라는 곳에 발을 들여놓고 있었다. 전국에서 웬 여자들이 3~40명 정도 모였고 그렇게 매 주일 밤마다 꼬박 1년 동안의 '하나님 알기'가 시작되었다. 어디서 어떻게 모였는지도 모르겠고, 처음엔 황당했으며, 그 다음엔 '오늘, 지금, 여기'에서 나에게 말씀하시는 하나님을 새롭게 만나기 시작했고, 급기야는 이 모임의 리더가 되어 있었다.

의지 없이 시작한 이 여정에서, 아버지는 나의 모든 의지를 사용하셔서 당신을 만나게 하셨다. 뿐만 아니라 다양한 이유로 인해 하나님을 오해하고 있었던 사람들이 말씀 앞에서 하나님을 새롭게 만나고, 그룹 안에서 진실하게 삶을 나누면서 자연스럽게 사랑의 삶으로 나아가는 것을 보게 되었다.

이제 우리가 함께 걸어온 여정이 하나의 책으로 엮여 세상의 많은 곳에 닿기를, 이 책이 닿은 곳마다 많은 사람들이 자신의 삶에서 그리스도의 제자로 살아가며 그곳에서 선한 무브먼트를 만들어 내기를 진심으로 기도한다.

– 남상은, 봄,길 대표

'매일의 하나님을 만나요' 여정이 내게 던진 이야기다. 과거에 경험했던 하나님이 아닌, 내가 매일 만나는 하나님을 나누었다. 오늘 내가 만난 하나님은 나의 내일을 더욱 기대하게 하셨다. 그렇게 하루 하루 공동체와 함께 나누는 하나님은 풍성함 그 이상이었다. 갈급한 개인과 개인이 만나 하나님의 온전함을 경험했다. 이 여정의 Author이시며 Finisher이신 온전하신 하나님을 바라보는 시간이었다.

우리의 여정은 여전히 진행형이다. 아름다운 공동체와 함께 성장하는 이 자리에 리더로 있게 하심이 감사할 뿐이다. 이 책이 오늘도 갈급한 누군가에게 우물이 되고, 하나님을 오해하는 누군가에게는 하나님의 본심이 흘러가는 진심이 담긴 편지가 되기를 소망한다. 나는 오늘도, 내일도 새롭게 만나 주실 하나님이 기대된다!

– 김지연, 한국부모교육연구소 연구원

예수님을 믿은 지 5년 후쯤 남편이 신학교에 입학하면서 저는 목회자의 아내로서 삶을 시작하게 되었습니다. 영적으로는 아직 어린 아이와 같은 수준이었지만 사람들은 저를 이미 성숙한 믿음을 가진 사람으로 보았고, 그로 인해 심적으로 힘들기도 했습니다. 이러한 고민을 교회 안에서 쉽게 나눌 수 없을 때, 여정 만남을 통해 '사모'라는 딱지를 떼고 오로지 하나님 안의 한 자녀로서 서로 만날 수 있고, 어떤 이야기를 나누든 온전히 수용되는 느낌이 참 좋았습니다. 무엇보다 이연임 선생님의 깊이 있는 가르침과 정은진 소장님의 진솔한 삶의 나눔을 통해 말씀을 더 깊이 이해하게 되고, 안전하고 끈끈한 공동체를 만나게 된 것 같습니다. 이 책을 통해 독자들도 지금까지 알고 있었던 하나님을 더 깊이 경험하며, 믿음의 공동체를 만나기를 소망합니다.

– 이경은

내가 무엇을 해서가 아니라 "네가 기쁘니 나도 기쁘다." 하시는 하나님의 본심을 알 수 있는, 참 묘한 시간을 함께 누리게 되시길 소망합니다.

– 남은선

하나님을 오랫동안 알고 있다고 생각했지만, 나에게 하나님은 늘 멀리 계셨습니다. 여정을 통해 머리에 머물렀던 하나님을 내 가슴 가득 만나게 되었고, 모두의 하나님이셨던 그분이 유일한 나의 하늘 아버지가 되셨습니다.

- 곽보영

저는 그동안 원부모와의 관계에서 사랑받는 방식으로 교회에서 사람들을 대하고 일을 해왔습니다. '이렇게 하면 하나님 마음에 들겠지?' 하는 마음과 '그러면 더 이쁨 받을거야.' 하는 저만의 생존양식이었습니다. 여정 시즌 1을 통해서 하나님의 하나님 되심을 인식하고, 그동안 하나님을 원가족의 부모님과 같을 것이라 오해하며 신앙생활한 것이 나를 얼마나 소진하게 했는지 알게 되었습니다. 하나님의 하나님 되심을 새롭게 고백할 수 있어 정말 기쁘고 감사합니다.

- 박유경

여정을 통해 들려진 하나님의 말씀은 나의 마음에 머물러 하루하루를 살아내게 했습니다. 어떤 날은 기뻐서, 어떤 날은 힘들고 지쳐서, 어떤 날은 너무 슬퍼서 나는 하나님을 찾았습니다. 여정은 그렇게 하나님을 찾을 수 있는 힘을 나에게 준 공동체였습니다.

- 고선이

'어렵고 막연하게만 생각했던 하나님의 속성이 나에게 이렇게 가깝고 친근하게 다가올 수 있구나'를 경험하는 시간이었습니다. 이 책을 통해 하나님을 바르게 알고 그 분의 마음 안에 거하며 힘을 얻고 위로와 자유를 함께 맛보았으면 좋겠습니다.

– 고혜희

거의 1년 동안 여정 성경 공부에 참여하며 이연임 선생님의 말씀 나눔과 정은진 소장님의 삶 나눔, 한국에 계신 다양한 믿음의 여성들과의 진솔하고 따뜻한 교제를 통해 나의 하나님을 만나게 되었습니다. 여정 성경 공부를 마치며 저에게 나타난 큰 변화는 나를 돌보지 않으시는 것 같이 느껴지던 그 하나님이 좋으신 분이라는 것을 머리로만 아는 게 아니라 가슴으로 받아들인 것입니다. 멀리 계시는 것만 같았던 예수님이 내 옆에 앉아 계시며 환대해 주심을 경험했습니다. 지금 선교지 10년 차를 지나며 새로운 선교사역으로의 부르심에 감사함과 기쁨으로 다시 순종할 수 있게 되었습니다.

–김글로리아

하나님을 참 많이 찾았습니다. 그렇지만 하나님이 어떤 분이신지, 그분의 생각과 마음에 대해서는 큰 관심이 없었습니다. 하나님이 누구신지보다 당장 제가 누리고 싶은 행복과 성취, 안전이 더 중요했으니까요. 감사하게도 여정 성경공부를 통해 하나님에 대한 막연하고 부분적이었던 이해가 점점 선명하고 입체적으로 바뀌는 경험을 하게 되었습니다. 말씀을 곱씹으며 하나님이 더 궁금해지고 하나님의 본심을 알고 싶은 마음이 커졌습니다. 그분의 마음에 더 맞닿아보려 하고 더 많이 물어보려는 과정 자체가 저에게 온전한 기쁨이 되었습니다.

무엇보다 하나님을 함께 묵상하는 동역자요, 일터의 동료인 Abby를 보며 드라마틱한 간증만이 살아계신 하나님을 증거하는 것이 아님을 알게 되었습니다. 오늘 부어주시는 은혜에 감사하며 매일 하나님과의 친밀함을 누리는 Abby의 모습에서 하나님의 일하심을 보기 때문입니다. 끊임없이 하나님과 대화하며 하나님의 본심을 발견해 내는 Abby를 통해 하나님의 일들이 확장되기를 함께 기도하며, 이 책을 읽으시는 모든 분들이 '나'의 하나님과 더 깊고 풍성한 대화를 하실 수 있기를 진심으로 기도합니다.
- 리얼워크 멤버 이지현

이 책의 진가는 페이지를 넘길 때마다 같이 읽고 싶은 사람들이 생각난다는 데 있습니다. 말씀을 이루시는 하나님을 아는 기쁨으로 누군가를 초대하고 싶은 이 마음은, 연합의 기쁨에 우리를 초대하시려 십자가의 자리에 서셨던 예수님을 기억하게 합니다.

'진리가 너희를 자유케 하리라'는 예수님의 선언은, 진리를 알수록 삶에 제약이 없어질 거라는 낭만적 약속은 아니었습니다. 어느 것에도 매이지 않는 참 자유를 주신다는 이 말씀은, 역설적으로 부자유한 데 더 많이 처해본 사람에게 더 깊이 깨달아지는 것 같습니다.

늘 멋진 모습이었을 것만 같은 리더의 삶 이면에는, 도둑맞은 집을 치우며 주저앉아 울던 어느 날이, 결과를 보장할 수 없는 상황으로 모험을 해야 했던 선택의 순간이 있었습니다. 그 가운데 열어주신 깨달음의 기록들은 읽는 이로 하나님 아버지의 마음을 헤아리게 합니다.

탁월해지고 싶었지만 더 사랑하는 것에는 관심이 없었던 제게, Abby는 사랑하는 마음이 큰 사람이 얼마나 탁월해지는지 삶으로 보여 주었어요. 여러분도 이 책에서 가장 큰 사랑과 지혜로 우리의 여정을 함께 하시는 하나님을 발견하셨으면 좋겠습니다.
- 리얼워크 멤버 서희원

여정 Season 1. 하나님

초판 1쇄 발행	2024년 8월 10일
지은이	이연임
기획	정강욱 이연임
편집	서희원 백예인
출판	리얼러닝
주소	서울시 마포구 어울마당로1길 18, 2층
전화	02-337-0333
이메일	withreallearning@gmail.com
출판등록	제 406-2020-000085호
ISBN	979-11-984424-9-9

이 책은 저작권법에 따라 보호받는 저작물이므로 무단 전재와 복제를 금지하며,
이 책의 전부 또는 일부를 이용하려면 반드시 저작권자와 도서출판 디어 디어의 동의를 받아야 합니다.
디어 디어는 리얼러닝의 임프린트입니다.

Excerpt from page 15 of "The Screwtape Letters" by C. S. Lewis is permissioned
by the C. S. Lewis estate and Hongsungsa
c/o HarperCollins Publishers Ltd. through Korea Copyright Center, Inc., Korea.